프롤로그

"손유남님 지원해주셔서 진심으로 감사드립니다. 심사 결과 귀하의 인품이나 전문성 면에서 절대 뒤지지 않음에도 심사 결과 불합격에 대하여 매우 유감스럽게 생각합니다."

"우리 분야에 관심을 갖고 지원해주셔서 다시 한번 감사드리며 앞으로 귀하의 앞날에 좋은 결과 있기를 기원하겠습니다."라는 문자를 얼마 전 또 받았다. 그렇다. 또 '불합격'이다. 석사학위를 받고 박사 과정, 박사 수료 후 박사학위를 받고도 지금까지 계속 전문 분야 지원에서 모두 불합격의 삶을 살고 있다.

이 책은 불합격이라도 좋다, 끝까지 살아남고 끝까지 버티면 삶에서 가끔 행복이 찾아온다, 그 행복으로 또 내일을 살아갈 수 있다는 희망적인 이야기를 하려는 것이다. 수없이 많은 불합격의 경험을 가진 젊은이와 불합격의 결과 속에서도 매일 합격을 생각하며 도전하는 이 시대의 모든 이들이 이 글의 한 글자, 한 문장에서 웃음과, 희망, 용기를 낼 수 있기를 기원하며 적어 본다.

이 글은 가까운 지인들과 웃으며 재미나게 나누었던 일, 때로는 멋진 말로 감동을 나누던 이야기들을 기억하기 위해 글로 처음 적기 시작했다. 불합격을 버티다 보니 이렇게 글을 적게 되는 좋은 일이 생기는 것을 봐라. 그러니 불합격에 너무 기죽지 말고 불합격에 당황할 필요도 없다. 그냥 나랑은 안 맞는다. 그렇게 생각하고 또 노력하고 도전하면 된다. 그럼 또 불합격의 경험을 하게 될 것이다. 웃자!

운동선수들에게는 실패 내성이라는 사회학 용어가 있다. 승부에서 실패의 경험이 내성으로 이어져 더 강해진다는 것이다. 운동선수뿐이겠는가 세상의 모든 이치가 그렇지 않은가 작은 일이든 큰일이든 한 번에 뚝딱 되면 무슨 재미가 있고 무슨 기쁨이 있겠는가! 더 큰 기쁨과 더 큰 보람을 느끼기 위한 실패 내성을 키우자 불합격 내성을 말이다.

이 책은 나의 경험과 읽은 책 그리고 전해들은 이야기 가운데 작은 기쁨, 작은 행복을 느낄 수 있는 추억을 기억하고 생각하기 위해 정리를 시작으로 만들어진 하나둘의 이야기가 모여 있다.
가볍게 부담 가지지 말고 그냥 편하게 힘든 삶 일부 중 이 책으로 잠시 쉬어 갈 수 있기를 바란다.

2021년　4월 20일

저자 손 유 남

차례

프롤로그
사랑

엄마의 사랑	2
몸살을 이겨 내는 법	4
맛난 행복 한 그릇	6
블로그	9
입신양명(立身揚名)	10
우표에 침을 발라	12
진짜 독감	16
술 먹지 말고!	18
우리 엄마께는 소용없다	21
분홍색	23
참기름은 내꺼다	26
착각도 자유	28
세상에 이해 못 할 일도 많아!	31
아빠는 팬	33
엄마가 하는 말	35

인생

자살의 반대는 살자다	40
무릎을 꿇어야 할 때	42
다가올 미래	43
잘 될 거다	44
돈이 얼마야!	46
절대강자!	48
말, 말, 말	49
좋아하는 음악 하나	51
싫은 곳	54

지극히 개인적인 생각	57
에티오피아 커피	61
옛날 같지 않네 선생님	62
요런, 마음이 진짜다.	65
친구 하나	66
오늘도 생각한다	68
학생은 무슨 죄	70
나도 모르는 일	72
내가 하면 된다	74
불합격	75
한 사람의 열 걸음 보다 열 사람의 한 걸음이 더 위대하다	78
하늘의 뜻이다	79
신기한 현상	82
진짜 끝내 준다	84
선진국	86
순위 0 순위	88
축구는 욕이 많고, 야구는 웃음이 많다	90
스승이 된다는 것은	92
스승만 모르는 사실	94
라면 1박스, 소주 2번	95
너희가 힘들면 내가 업고 간다	97
Ctrl+C, Ctrl+V	98
큰 일	100
맹장은 두 개	102
우울증	104
맛 있는 술, 맛 없는 술	105
줄 곳, 벌 곳	107
사탕 하나 백만 원	108
그냥 싫어	110
인생이 네 마음대로 되느냐!	111

밥 사줄까! 술 사줄까!	115
커피 맛집	116
부자 이야기	117

역동적(Dynamic)

뼈가 움직이니 근육도 움직여	122
그냥 재미난 생각	123
누군가를 가르친다는 것!	126
불합격을 해결 할 좋은 방법	129
싸가지 있는	131
자율 경쟁	133
뇌는 아주 게으르다	134
사람들은 재미없는 이야기	136
괜찮은! 훌륭한!	138
고통과 기억 그리고 지식	139
선수가 은퇴하는 시기	141
제자의 실력이 지도자의 실력이다	143
혼자 소주 한잔	145
가장 좋은 대학교	148
GS-2	150
허세 기세	151
가끔 쿨 한척 진짜 강한척은 하지만 오늘 힘들다고	152
울고, 또 울고 있다	153
끈질기게 참아라	155
무엇이라도 되어	157
행동으로 옮겨라	159
언어폭력	160
딱 요만큼	162
무식 > 상식과 지식	163
돼지감자	165

충치 한 개	166
충치 두 개	167
충치 세 개	168
아는 사람만 아는 이야기 1	169
아는 사람만 아는 이야기 2	170
40대 꿈은 진짜 크게 가져도 된다	171
절대 피지 못하는 꽃	173
이것뿐이라 다행이다	175
끝	176
가장 좋은 스포츠	177
그냥 좋은 뜻	181
올래	183
청시의지 해주세요	184

불합격(에필로그)

사랑

엄마의 사랑

어느 무더운 여름
고등학교를 졸업하고 대학을 다니다 여름 방학이라 집으로 왔다.

엄마와 함께 점심을 먹고
반바지에 반소매만 걸치고 거실에서
엄마가 틀어준 자연풍 선풍기 바람을 맞으며 잠이 들었다.

시간이 얼마나 지났을까!
엄마는 갑자기 잘 자는 아들의 손을 잡고 이렇게 말한다.

"안 되겠다. 가자!"
그 길로 바로 성형외과로 가서 쌍꺼풀 수술을 했다.

"갑자기 왜?"

엄마에게 이유를 물어보는 아들을 보고 엄마는 말한다.
"내 아들이지만 도저히 안 되겠다."
"웬만하면 괜찮은데, 진짜 자는 너를 보니 정말 못생겼더라"
엄마는 이러면 안 된다는 생각이 들어서 손을 잡았다고 한다.

엄마의 사랑으로
그 대학생은 지금 예쁜 여자 친구와 함께
해외여행도 다니고 한국에서 행복한 날을 보내고 있다.

얼마나 못생겼을까 상상하거나 생각은 하지 말라

엄마가 봐도 못생긴 아들은 우리가 상상할 수 없다.

몸살을 이겨 내는 법

머리는 아프고,
콧물이 나고,
목이 너무 아파
말이 잘 나오지 않는다.

병원 의사가
독감이 올 것 같으니 사우나에 갔다가 집으로 가라 한다.

의사의 처방과 반대로
사우나는 못 가고 바로 가야만 했다.

나는 아들이며, 남편이며, 아빠이고
나는 스승이다.

그날 나는 너무 힘들었지만 수업은 꼭 해야 했다.
수업을 마친 후 집으로 갔다.
계속 잠만 잤다.

가족,
나를 끔찍이 생각해주는 그 사람이 가족이다. ㅎㅎ

맛난 행복 한 그릇

맛있고 양이 푸짐한 해장국 식당이 있다.

일요일 점심시간.
소문을 듣고 지인들과 함께 식당에 도착해 식사를 주문하고 기다리며, 이리저리 식당을 둘러보다 우리가 주문한 메뉴가 나왔다.

다진 고추, 다진 양념, 후추와 고추기름까지 맛있게 뿌려 놓고 김이 모락모락 올라오는 탕에 밥을 말아 얼큰하게 먹기 시작했다.

맛집이라는 소문처럼 마침 빈 옆자리에 바로 백발의 할아버지와 아버지를 똑 닮은 중년의 아들이 자리했다.

백발의 할아버지는 신문을 펼치고 읽으시며 조용히 식사를 기다리고 있었다. 아들도 점잖이 아무 말 없이 주인이 가져다준 그날 양념한 겉절이 김치를 자르고, 함께 나온 제법 큰 깍두기를 가위로 정갈하게 두껍지 않고 아주 얇게 한 입 크기로 자르고 있었다.

나는 왜 저렇게 깍두기를 작고 얇게 자르지 하는 생각을 하며, 다시 맛있게 계속 먹고 있었다.
옆자리에도 주문한 음식이 나오자 할아버지는 읽고 계시던 신문을 고

이 접어 옆에 두고 숟가락으로 소중하고 조심스럽게 밥을 드신다.

그렇게 일요일 하루, 알지도 못하는 누군가로 인해 참 신기하고 부럽고, 이것이 바로 행복이 라는 것을 느낄 수 있었다. 지금 먹는 맛있고 따뜻한 음식처럼 내 마음이 따뜻해지는 것을 순간 느낄 수 있었다.

할아버지 숟가락에 떠올려진 얇은 깍두기를 보는 순간 말이다.

아버지를 똑 빼닮은 아들은 아버지 밥 위에 올려드리기 위해 그렇게 정성을 다해 깍두기를 얇게 잘라 아버지가 한입에 드실 수 있도록 배려하려 한 것이다.

숟가락을 드신 할아버지는 손을 너무도 많이 떨고 계셨다.

그렇다. 손이 너무 떨려 젓가락으로 반찬을 집을 수 없어 아들이 그리도 정성껏 밥 위에 깍두기를 올려드리고 아버지가 식사하는 모습을 계속 지켜보며 밥 위에 바로바로 깍두기를 올리려고 아버지를 보며 기다리고 있다.
뭐 행복한 삶이 별 거 있나. 오늘 유명한 맛 집에서 맛난 행복 한 그릇을 먹고 왔다.

맛난 행복 한 그릇 드시는 백발의 할아버지는 인생을 잘 살아오신 것 같습니다. 행복해 보였고, 사랑이 보입니다.

저도 그렇게 늙어 아들, 딸과 함께 정성껏 올려주는 깍두기에 맛난 행복 한 그릇 할 수 있는 아버지가 되고 싶습니다.

오늘 감사합니다.

블로그

눈 뜨면 바로 핸드폰을 들고 하루를 시작한다.
나 또한 그렇다. 매일 나의 블로그를 본다.
사진, 글은 잘 올리지도 않으면서 그냥 매일 본다.
그리고 생각한다.

오늘 몇 명이나 나의 블로그를 왔다 갔는지
좋아요 면 그냥 좋다.
그리고 더 좋은 것은 어떤 댓글이라도 좋다.
그냥 많이 궁금하다.

그런데 뭐야! 왜 갑자기 엄마가 생각나지?
엄마는 나와 차원이 다른 생각을 한다.
아들, 며느리, 손자, 손녀들이 학교는 갔는지, 밥은 먹었는지
그리고 내 새끼 모두 뭘 하는지
우리 엄마는 아주 많이 궁금해 한다.

그런데 기분이 그렇다 오늘,
난 오늘 엄마가 하나도 궁 금 하 지 …

입신양명(立身揚名)

고향 지방 대학교 교원 원서를 내면서
동생에게 이번에도 어려울 것 같다고 했다.

그런데,
동생이 말한다.
가장 큰 효도는 입신양명하는 거다.

"형은 지금 충분히 큰 효도를 하고 있다"고 말한다.

부모도, 가족도
내가 가지고 있는 박사학위가
그렇게 대단하고 큰 사람으로 보이는가 보다.

난 아직 작고 초라하고
너무 힘들게 하루 하루 살아가고 있다고 생각하는데,

나를 보는 우리 가족은 그렇지 않나보다.

우리 삶도
그냥 입신양명하자

내가 건강해서 입신양명 할 수 있어 좋고
자녀가 건강해서 입신양명 할 수 있어 좋고
부모님들 근심 걱정 없어 더욱 더 좋고

다 좋다.

그냥 입신양명하자

우표에 침을 발라

외로웠다.
모로코라는 먼 나라에서 혼자 살았다.

아프리카, 중동 국가의 모든 문화를 가지고 있는 나라
그 시절, 너무 생소하고 처음 경험하는 모로코에서 국가대표 코치로 일을 했다

큰 아파트에서 매일 혼자 일어나고 하루 24시간 홀로 보냈다.
누구도 오지 않았다.
아무도.

모로코는 유럽과 아랍, 아프리카의 문화가 공존하며
언어는 아랍어와 프랑스어를 사용한다.
축구와 태권도를 좋아하고 그 인구도 많다.

모로코 수도 라바트에 위치한 아파트에 있다가 가끔 외출해도 난 주변 사람들의 말을 하나도 알아들을 수가 없었다.
영화나 드라마에서 듣고 볼 수 있는 아랍어와 프랑스어는 나에게 그야말로 새로운 세상이었다.

외로워서 매일 저녁이면 한국에 있는 여러 친구에게 손편지를 썼다.
지금은 손편지가 생소하지만 그때가 20년 전이니 당시 핸드폰 국제통화는 너무 비용이 많이 들었다.

E-mail을 사용 할 수 있었지만 나는 컴퓨터가 없었다.
그래서 자주 손편지를 보냈고 기다렸다

일을 끝내고 돌아오는 길에도, 아파트에 혼자 있을 때도,
하루에도 몇번씩 편지함을 보려고 아파트 현관 1층으로 내려가 보곤 했다.

기다리고 기다리던 편지가 한국에서 왔다.
사랑하는 사람의 편지가 한국에서 온 것이다.
편지 봉투를 한 손에 잡고 너무 좋아서
5층까지 단숨에 뛰어올라갔다.

그날 그리고 다음 날도 며칠 동안
하루에도 몇번이고 읽고 또 읽어본다.

그 편지지를 보고 그 편지 봉투를 보며 난 생각한다.

그리고 천천히 그 편지 봉투에 있는 우표를 뜯기 시작했다.
우표가 찢어지면 큰일이라도 날 것처럼 아주 조심조심.

사랑하는 사람에게 온 편지 봉투에 붙은 우표.
그 우표들을 모두 뜯어 A4 용지에 한 장, 한 장 모두 모아 붙였다.

그러면서 생각한다.
그 생각 속에 우표를 그렇게 모아 붙인 이유가 있다.
너무너무 보고 싶고, 그리웠다.

난 손으로 그 우표들을 쓸어내리며 혼자 생각했다.
내가 사랑하는 여자 친구가
한국에서 이 우표를 쥐고, 침을 발라 봉투에 붙였겠지...

우표를 만지며 조금이나마
그 사랑의 온기를 그 사랑의 느낌을 받고 싶었다.

그 순간만큼은 외로움도 멀리 사라졌다.
나는 지금도 그때의 그 우표를 가지고 있다.

<모로코에서 모아온 우표>

진짜 독감

그냥 멍하니
눈, 코, 입, 목

눈에는 눈물이 흐르고
코가 막혀 숨쉬기가 힘들었다.

입은 타들어 갈 듯 말라 있고
목으로 침을 삼킬 수 없다.

병원 갈까! 말까! 생각하고 또 핸드폰을 보고,
시계를 보고 기다리고 있다.
그렇게 시간은 계속 흐르고

결국 눈은 보이지 않고
숨은 가쁘고
심장은 빨리 뛰고
입과 목은 계속 타들어 갔다.

진짜!
눈, 코, 입, 목, 뭐 하나 편하지 않다.

내 생각과는 달리 내 마음대로 아무것도 할 수 없다.
진짜 독감이다.
너무 아프고 너무 힘들다.
너와 이별 후 난 독감을 겪고 있다
넌 사랑이다.

사랑!

진짜 사랑이다.

술 먹지 말고!

아주 비싼 핸드폰 너머로 깔깔 목소리가 들려온다.
딸에게 걸려온 전화다.

"아빠! 엄마가 집에 빨리 오래"

아빠가 씩씩한 척하며

"못가! 술 마신다고
아빠 속상하다고 "

술 마신다는 소리에 벌써 눈치가 100단이다.
아내와 딸은 '또 떨어졌구나' 말은 못하고

비싼 핸드폰 너머로
이번에는 앙칼진 목소리가 들려온다.

계속 집에 빨리 오라는 말만 한다.

아마도 이 말이 하고 싶었을 것이다.

'그만해 그냥 그만해 이제'

그만 하라는 말을 하고 싶은데 차마 못하고
그렇게 또 시간이 갔다.

그 일이 있고, 얼마 후
난 또 원서를 작성하고 접수를 한다.
그런데 아내가 한마디 하네
앙칼진 목소리로
"떨어져 속상해 하면서 또 술 먹지 말고!"

집을 나오면서 난 생각했다.
'이 사람 마음이 착해~ 말에 선함이 있어'

비싼 핸드폰 너머로 들려오는
앙칼진 목소리에

나를 걱정하는 착한 마음이 들려올 때마다
난 더 노력하고 무엇이라도 결과를 보여주고 싶다는 생각이
더 간절해진다.

그래서 난 또 원서를 접수하고
도전이라는 말로 용기를 얻고
노력이란 말로 포장해가며
오늘도 집을 나서며 생각한다.

아내의 앙칼진 목소리를!

우리 엄마께는 소용없다

군대에 있을 때 휴가를 나왔다.
운동을 많이 해서
이등병이지만 휴가를 받아 집에 자주 갔다.

휴가 나와 있는 아들 때문에
일 가신 엄마도 그날은 일찍 들어오신다.

"'복아' 밥 먹었냐!"
큰 소리로 나를 찾으신다.

휴가 나온 나는 라면을 먹으며 농구를 보고 있었다.

나를 보며 엄마는
"'복아' 너 혼자 뭐 하는데?"
"나! 라면 먹는데? TV 보면서~~~"

그리고 휴가 나온 아들에게
고향이 충청도인 엄마가 경상도 사투리로하시는 말씀.

"자들은 왜 자꾸 공을 '넣다', '뺏다' 하노~
힘들게 왔다 갔다 하며
'넣다', '뺏다'~

니는 하지 마라. 힘들다!"

난 NBA 농구를 보다가 씨익~ 웃었다.

"엄마, 난 NBA 선수가 될 수 없어~"

분홍색

딸이 5살쯤 됐나.
색깔을 말하는 것으로 볼 때 그 정도는 된 것 같다.
K3 리그 축구를 보러 갔다.

관중도 적고 조용하니,
모처럼 딸과 앉아서 이런저런 이야기를 한다.

축구 경기 전반전이 끝나고
몇몇 관중과 선수들은 분주하게
후반전 준비를 하고 있었다.

난 딸에게 물었다.
어떤 색깔(유니폼)이 더 잘하냐고

딸은 1초의 망설임도 없이
"분홍색!"이라고 말한다.

웃음이 났다.
분홍색은 심판이다.

아빠가 응원하는 팀은 파란색이고,
상대팀은 흰색인데
왜 분홍색이냐고 물어보니
계속 분홍색만 봤다고 한다.

딸은 축구가 뭔지도 모르고,
축구를 좋아하는 아빠를 따라
축구경기를 보러와서
눈에 띄는 분홍색만 보면서

축구 경기가 빨리 끝났음 생각했을 것이다.

딸이 얼마나 재미없었을까... 생각하니 너무 미안했다.

바로 축구장에서 딸의 손을 잡고 경기장을 나왔다.

그리고 딸이 좋아하는 빵집에서 빵을 포장해다가
집에서 딸과 함께 블록 만들기를 하며 열심히 놀았다.

놀아주면서도 아빠라는 사람이 참 한심하다는 생각을 했다.
내가 5살 딸보다 못하구나...

내가 좋으면 딸도 좋을 거라는 생각
딸을 위해 한 번만 생각해도 좋으련만
어쩜 그렇게 답답할까!
아빠! 불합격!

나도 아빠가 처음이라 쉬운 일이 아니다
그러나 오늘도 이렇게 조금씩 알아간다.

아빠라는 역할은 내가 하고 싶은 것!
그 모든 것을 내려놓을 수 있어야 한다.

딸, 아들을 헤아리며 살아가려는 아빠라면 말이다.

참기름은 내꺼다

모처럼 모두 함께 저녁을 먹었다.
그날따라 한우가 많이 비싸니,
살치살은 호주산, 갈비살은 미국산,
차돌배기는 멕시코산으로 마트에서 구입했다.

동생네 가족 초등학생 딸이
살치살을 정말 맛있게 먹는다.

형, 동생, 군대까지 다녀온 대학생 조카까지
반주 한 잔하며 즐겁게 구워서 먹었다.

엄마도, 동생도 모두 모두.

그런데 동생의 딸이 살치살이 맛있다며

참기름에 꾹꾹
참기름에 풍덩풍덩
고기를 참기름에 푹 찍어서 맛있게 먹고 있었다.

제수씨는 어린조카에게
왜 이렇게 참기름을 많이 찍어 먹냐고
그만하라고 말한다.

그런데 옆에 계시는 할머니가
한 말씀 하신다.

"나둬라 이 참기름 내 꺼다.
많이 먹어도 된다."

손녀가 먹는 참기름
맛나게 먹는 참기름

할머니는 딱 한 마디 하셨다.

착각도 자유

딸아이가 4살 되었을 즈음 코감기가 너무 심해 병원에 갔다 왔다.
그런데 아내가 막 웃는다.

딸에게 물어보란다. 너는 나중에 뭐가 되고 싶냐고
그래서 난 진지하게 물었다.

"딸아, 나중에 뭐가 되고 싶어?"
"난 의사"

그 말에 난 생각한다.
'아니 이 녀석이 벌써 의사라는 꿈을 가지고 있구나.
그렇지. 의사 선생님 훌륭하고 공부 잘해야 하고
의대는 어디로 가야 하나. 서울대?
아니 적어도 실력 좋은 의사가 되려면 SKY는 가야 하는데,
그리고 등록금이랑 대학교 다니려면 돈이 많이 들 것 같은데...'

잠깐! 딸아이의 꿈이 의사라는 말에
난 몇 초도 되지 않는 시간에 이렇게 많은 생각을 했다.

그래서 난 또 물었다

"그런데 왜 의사가 되고 싶어?"라고.

그런데 딸은

"위잉 ~~ 하고 나도 이렇게 넣어 버릴 거야"

이 말인 즉슨,

딸은 코감기 때문에 간 병원 의사 선생님이

자기 코에 흡입기를 쭉 넣어서 아프게 했다는 것이다.

그래서 자기도 의사가 되어

자기를 아프게 한 의사 선생님이 자기 병원에 오면,

위잉~~하고 흡입기를 넣어 버릴 거라는 말이다.

많이 웃었다.

그리고 얼마나 아팠으면? 하는
아빠의 짠한 마음도 있었다

그러나 딸의 꿈 이야기를 듣고
혼자 김칫국부터 마시고 착각한
내가 더 웃긴다.

아니다.
세상에 모든 아빠는 충분히 그럴 수 있다고,

나는 또 착각한다.
착각은 자유다.

세상에 이해 못 할 일도 많아!

나는 딸에게 모처럼 자랑삼아

"아빠가 오늘 태권도 4단이나 되는
예비 사범님들 한 200명 이상 모아 놓고 강의하고 올게"

그런데 딸은 이렇게 말한다.

"아 휴 아빠, 말이 된다고 생각해?"

난 말한다.
"뭘~ 진짜 아빠 강의하러 간다니깐!"

"딸에게 무슨 그런 거짓말을 하냐.
어떻게 태권도 4단이나 되는 사람이
한 번에 200명씩 모여 있을 수 있어?"

그렇다. 초등학생인 딸은
학교 앞 등하교 차량 운행을 하는 몇 안 되는

태권도 사범님들만 보니 한번에 도복 입은 사람이
그렇게 많이 모여서 뭘 하나 싶을 것이다.

그래서 난 그날 저녁, 하얀 도복을 입고 강의를 듣고 있는
사범님들의 뒷모습과 멀리서 강의하는 나의 사진을 보여 줬다.

그런데 실실 웃으며

아빠 얼굴이 잘 안 나와서 진짜 아빠인지 모르겠다면서
자기 방으로 들어간다.

아침에 한 말이 미안했나 보다.

하지만 기분이 좋다.
이런 대화와 장난 농담을 할 수 있는 딸을 보면 행복하다.
그리고 또 하나 배웠다.

아이든 어른이든 사람들이 접하기 어려우면
이해 못 할 일이 우리가 살고 있는 이 세상에는 참 많다.

아빠는 팬

가까운 선배 후배들과 맥주 한 잔하며 웃으며 물었다.
"나는 요즘 '아미'다. 아미가 뭔지 아냐?"

아미? 군인?
뭐 이런 대답들이 오가고 있었다.

하지만 난 웃으면서
"너희들은 그래서 안 된다.
아미는 방탄소년단 팬클럽 이름이다." 라고 했다.

모두 웃으며 네가 왜! 이런 반응이 나오는데.
나는 또 '아미밤'이 뭔지 아느냐고 물었다.
당연히 모른다는 표정이다.

방탄소년단 팬들이 콘서트에서 들고 있는,
불이 들어오는 봉이다. 이 녀석들아! 하면서
크게 웃으며 시원하게 맥주 한 잔하며 즐거운 시간을 보냈다.

한국에서 시 춘기에 접어든 중학생 딸을 가진 아빠들이
아주 힘들다는 것을 이해한다.

하지만 난 BTS가 있어 너무 좋다.
그래서 딸에게 난 선언을 했었다.
"난 아미다. 아빠는 아미다." 이렇게 말이다.

하지만 딸은
방탄소년단(BTS)의 멤버 이름을 모두 알고 있어야 한다면서
절대 인정할 수 없다고 말한다.

그러면서 같은 주제로 대화가 이어져
언제 그랬냐는 듯 웃음 띤 얼굴로 장난을 치기 시작한다.

누구의 팬이 된다는 것은 마음이 중요하다.
내가 누군가로 인해 그 사람의 노래를 듣고 이해하려고 하는 마음,
그것이 더 중요하다.

딸과의 대화를 위해 오늘도 노력 중인 아빠들!
딸이 가장 좋아하는 것에 관심을 가지고 팬이 되어 보기 바란다.

그럼 좋은 일이 생길 수도 있다.
적어도 딸과의 대화는 말이다.

엄마가 하는 말

엄마와 딸이 대화를 시작한다.
모처럼 진지하다.

엄마는 딸에게 말한다.
"아빠 같은 남자 만나. 돈 많이 못 벌어도 된다.
아빠는 46살인 엄마를 아직도 제일 예쁘다고 말을 해 줘"

2020년 1월 1일 새해,
모처럼 가족 모두 이불에서 딩굴딩굴
어제 저녁에 먹은 간식 때문에
얼굴은 모두 부어올라 있지만 깔깔!

새해 아침부터 거실 가득 웃음소리가 떠나지 않는다.
TV에서는 연신 새해 복 많이 받으세요.
여러 유명한 연예인들이 나와 큰절도 하고,
좋은 덕담을 주고받으며 인사를 한다.

그런 중에 멋진 연예인을 보며 딸은 좋아하며 웃고 있다.

하지만 엄마는 딸에게

"저런 남자 말고 아빠 같은 남자 만나.
너 나이 먹어도 예쁘다 해주는 남자,
아빠가 같은 남자 만나라고. 알았지"

싱크대 앞에서
커피를 타고 있는 나에게 들려오는
'아빠 같은 남자 만나'

그 말에 입꼬리가 올라간다.

가장 멋진 새해 선물을 받았다.

인생

자살의 반대는 살자다

자살의 반대는 살자다.
하지만 이순신 장군은 '살려고 하는 자는 죽을 것이다'라고 말했다는 내용의 글을 인터넷에서 보았다.

웃자고 하는 말이라면서 그렇게 적혀있다.
그런데 난 슬프다.

이 나이가 되면
매일은 아니라도 힘든 고비는 누구나 있다는 것을 알게 된다.

한번쯤은 생각으로 아니면 행동으로 옮겨 보려 하는 사람도 있다.
그런데 결국 우리는 삶을 선택한다.

어려워도 살아가려는 사람들이 많으니
언제든 '살자'고 생각하면 좋겠다.

트렌드코리아 2021 책에서
코로나-19가 흑사병과 마찬가지로
새로운 시대를 만들 기회가 될 수 있다고 진단한다.
세계경제포럼(WEF)의 클라우스 슈밥 회장의 한 마디 말이

묵직하게 들려온다.
"적응하거나 죽거나(Die or adapt)"

살자!
새로운 시대를
내가 만들어갈 기회가 올 것이다.

그렇다. 살자!
새로운 시대를 만들 기회가
나에게 올 것이다.

꼭 살자!
새로운 시대를 만들 기회가 올 것이라고
큰 소리로 지금 왜 치자!

지금 힘들다면 웃으며 소리치자!

새로운 시대를 만들 기회가 나에게 온 것이다!

무릎을 꿇어야 할 때

언젠가 언론 보도에서 봤다.

대한민국 교육계 아주 높으신 분이
초등학생을 대상으로 한 경진대회의 시상식에서
1학년 여자 어린이의 눈높이에 맞추어
무릎을 꿇고 시상식하는 사진을 말이다.

이 사진이 너무 예쁘고 멋지고 마음이 따뜻해져서
핸드폰에 남겨두었다.

무릎은 꼭 필요할 때 꿇어야 한다.

다가올 미래

유명한 분의 특강을 듣고 가끔 생각해 본다.

다가올 미래를 위해 준비하는 과정은
"자신의 두뇌와 힘을 기력이 다 할 때까지 쓰려고 노력한다면,
길은 반드시 열린다." 라고

메모하고 이렇게 비슷하게 적어 본다.

그 말들이 모두 맞다. ㅎㅎㅎ
그런데 난 그 말들이 무슨 뜻인지 전혀 모르겠다.

두뇌의 힘,
기력이 다할 때까지 하는 노력,
그러나 어떻게 하면 되는지 난 정말 모르겠다.

신기하다.
할 수 있는 사람이 있다는 것이.

이것을 할 수 없는 니 는 그래서 계속 불합격인가.

잘 될 거다

살면서
내가
가장 후졌을 때에는
난 내가 가장 후졌다는 것을 몰랐다.

그러나 난 지금도
내가 가장 후졌다는 것을 몰라서

걱정 없다.

지금까지 뚝뚝 떨어진 난 모르는 것이 너무도 많다.
자랑도 아니면서 이런 생각이 맞나 싶다.

성공하는 방법은
성공 할 때 까지 포기하지 않는 것이라고 말한다.

웃긴다.
그런데 말은 맞다

실패는 계속 해도
성공 할 때까지 도전해 결국 성공 한다면,
그건 성공하는 방법이 맞다.

혹시 누가 물어보면
성공하는 방법은 너무도 잘 알고 있고,
오늘도 그 성공하는 방정식에 따라
열심히 노력하고 있으니
걱정하지 말라 전해라

잘 될 ㄲ ㅓ 다

돈이 얼마야!

석사 5천만원!
박사 1억원!

보통 대학원 석, 박사를 끝내기 위해
매 학기 등록금과 수업을 듣기 위한 교통비, 식비,
그리고 기타 문구와 잡비 등.

그리고 가장 중요한 것은
대학원을 다니기 위해 투자한 시간을
1인당 기본 급여로 환산하면
대략 1억 5천만원 정도가 된다고 한다.

스스로 열심히 노력해서
지금의 나는 그래도 많이 벌었다.

그런데 어디서 1억 5천만원이나 나왔지?

그래도 여기서 분명한 것은 불합격이라고 해도
인생이 끝난 것 아니라는 것이다.

영화 베테랑에서
서도철(황정민 배우)형사는 동료 형사에게 이렇게 말한다.

"우리가 돈이 없지 가오가 없어?"

참 멋진 말이다.

그래서 난 도전이다 오늘도!

난 돈은 없고 아직 가오는 있다!

절대강자!

2008년부터 시간강사 시작.

국립대 교수 지원, 수도 없이 불합격

수도권, 지방 사립대 교수 지원, 수도 없이 불합격

연구원 지원, 몇 번이고 불합격

한국스포츠정책과학원 지원, 몇 번이고 불합격

국가대표 전력분석관 지원, 불합격

국가대표 밀착지원팀 지원, 불합격

지금 이 책 출판사 투고, 수도 없이 불합격

이러고도 난 살아 있다.
천하무적, 절대강자다. 퓨하하~~

천하무적, 절대강자!

말, 말, 말

시간 강사 수 년째
강산이 변하고 지나고 또 지나가고 있다.

지난 시간 나와 함께 한 많은 학생이
이제 대학원생이 되어
일부는 교수도 되고,
일부는 자기 특기를 살려 국가대표가 되고,
자기가 나아갈 길을 위해 열심히 노력하고 있다.

나 또한 개인적으로
지금 많은 경험을 통해 노력하고 있으며
소신 있게 살아가고 있는 중이라고 자부한다.

하지만 그 많은 경험이 실패와 실패로 이어지는 찰나!
그 찰라! 속에서
값진 선물 같은 순간이 한 번씩 찾아온다.

제자들의 작은 성공과 합격 소식들 말이다.

그 값진 소식이 선물로 전해 오는 가운데에서도

항상 끝까지 잡아주지 못한 학생들이 더 많아서 속상하고,
가슴 아파서, 또 소맥 폭탄주를 한 번에 마셔본다.
또 다른 값진 선물을 기다리며
오늘도 학생들에게 다가올 인생을 준비하라고 강의한다

하지만
이런 마음과 경험은 누군가에게 전달될 때,
말 한마디로 어떤 사람에게는 상처가 되고,
믿음으로 만들어진 관계임에도 실망을 안겨 주기도 한다.

말이 그렇다.

지금까지 많은 사람을 만나고, 헤어졌지만 참 어렵다.

말, 말, 말 내 생각과 의도와는 상관없이
전해지는 말, 말, 말

난 그런 마음으로 한 말이 아닌데 말이다.
다른 사람도 이런 기분 들 때 있겠지 하면서 모른 척 한다.

좋아하는 음악 하나

1991년 어느 일요일,
그는 라디오에서 나오는 노래 한 곡을 듣게 됩니다.

그날 이후로 그는 계속 콧노래를 부릅니다.
흥얼흥얼

힘든 하루하루 시간을 보내던 어느 날

이 노래는 그의 마음을 녹여주는 듯 했습니다.
무슨 내용인지 어떤 노래인지도 몰랐던 그때…….

그리고 25년이 지난 후
나이가 든 그는
2016년 1월 어느 날,
우연히 다시 이 노래를 듣습니다.

갑자기 그 노래가 궁금해 찾아봅니다.

제목, 기수, 음악, 내용 등등.

사이먼 & 가펑클 - El Condor Pasa
사실 이 노래는
페루 민속 음악으로
안데스 민족의
아픈 역사가 녹아 있다고 합니다.

스페인의 식민 통치에
저항하다 죽은
잉카의 마지막 왕이 만든 노래인데,
원주민들이 신성시해 온 새 콘도르가 환생하여
안데스 창공을 날아다니며
그들을 지켜준다는 내용의 음악.

이 음악에 가사를 붙여 만든 노래라고 합니다.

그때는 알 수 없었지만
노래 가사를 보니

고등학교 3학년
대학 입시를 앞두고 있던 그는

이런 마음을 가지고 있었나 봅니다.

누군가에게 보호받고 싶은 마음.

마음이 지치고 힘들 때
좋아하는 음악 하나 듣고

가장 행복한 순간
그 옛날 시간을 떠올려 보세요.

그럼 그때의 미소가 보입니다.

싫은 곳

지방 모 대학교 최종 면접을 보러 갔다.

겨울 방학이라고 하지만
학교가 무언가 허전하고 생동감이 없다못해
현수막 한 장 없는 것이
분위기가 참 묘했다.

학생들도 전혀 볼 수 없다는 것이
너무 신기했다.

하지만 총장실은 달랐다.
따뜻하고 클래식 음악이 흐르고 포근함 마저 느껴졌다.

학교를 홍보하는 책자에는
총장이 학생들과 매년 해외를 다니며
문화 행사에 참석한다는 등
여러 가지 자랑이 빼곡했다.

그리고 총장실에 들어가 면접을 봤다.

결과는 불합격이다.
그리고
총장에게서 나오는 말은 이러했다.

"40살 넘은 교수들은 모두 게을러서 모집할 이유가 없다"는 말로
시작하여 면접은 계속 진행됐다.

처음부터 모집 요강에 나이 제한을 두고 접수를 받던지,
고생해서 멀리 면접을 받으러 온 지원자에게
기본적인 매너가 없었다.

그리고 돌아오는 길.
오히려 잘 됐다

이런 총장과 이런 학교는 내가 있어야 할 곳은 아니라고
혼잣말을 하며 돌아왔다.

내 눈에 그 총장은 학생들의 소중한 등록금을
해외 문화 교류라는 명분을 세워 자기 실속을 챙기고
혼자만의 행복을 누리는 것으로 보였다.

아니나 다를까

그해 그 학교는
정부 지원 제한 학교로 분류되어
지금은 힘들게 학교를 운영하는 것으로 알고 있다.

지극히 개인적인 생각

1999년 젊은 시절
일본 도쿄 신주쿠 거리.

신호에 멈춘 버스 창밖으로
강아지와 함께 가는 할머니가 보였다.

그런데 함께 가고 있던 강아지가
길에서 똥을 누고 있었다.

그리고 조금 시간이 지나고 난 뒤
그 할머니는 명품가방 안에서 주섬주섬
손수건을 꺼내 강아지의 똥을 집어
자기 가방에 넣고 다시 길을 갔다.

난 순간 "와우!"

할머니가 보여준 행동은
1999년 젊은 시절의 나로 하여금
우리니라기 일본보디 선진국이 될 수 없디는 생각을 히게 했디.

그 순간
'과연 우리나라에서 강아지가 똥을 누면 몇 사람이나 손수건으로 집어
자기 가방에 넣어 가져갈까?'하는 생각을 했었다
일본의 그 할머니!

강아지 똥으로
그 거리를 다니는 시민들에게
불쾌감을 줄 수 있다는 생각을 한 할머니.
시민들에게 불편함을 주지 않겠다는 시민의식 말이다.

젊은 시절 내가 본 그 잠깐의
일본 할머니의 모습에서
난 일본의 시민의식이 남다르다고 생각했다.

이런 생각을 하며 한국에서
가끔 친구들과 모일 때마다 젊은 시절 일본 그 할머니 이야기를 했다.

일본 시민 한 사람이
한 사람의 외국인에게
일본 전체의 시민의식을 보여 줄 수 있다는 놀라운 사실과

그 외국인은 자기 나라로 돌아와
일본에서 본 시민의식을
자기 나라에 소문을 내기 시작을 한다는 것을 알까.

하지만 그것도 잠시,
몇 년이 지났는지 모르지만
언제부턴가 그때 그 이야기를 하지 않는다.

2020년, 지극히 개인적인 생각이다.

불혹을 지나 지천명에 가까워져 가고 있는 지금의 나와
나의 대한민국은

1999년 그 젊은 시절,
약관의 나이로 보았던 시각,
즉 대한민국이 일본보다 선진국이 될 수 없다는 생각은 이제 없다

이번 코로나-19에서 보여준
전 국민이 최선을 다하는 모습에서
이제 우리가 일본보다 선진국이 되었다는 생각을
지극히 개인적으로 해 본다.

20년 전,
난 20년 후를 생각할 만큼
그렇게 똑똑하지 못했다.

앞으로 몇 년 후
우리나라가 보여줄
더 성숙한 국민 의식을 상상해 본다.

지극히 개인적인 생각으로 말이다.

에티오피아 커피

에티오피아는 아라비카 커피(Arabica Coffee)의 원산지로써
'커피의 고향'으로 알려져 있다.

그리고 아프리카 최대 커피 생산국이다.
그 생산국에 내 친구가 살고 있다.

그곳에서 친구가 직접 들고 온 커피를
1주일 전, 갓 볶아서
향이 끝내주는 원두커피를
커피 그라인더로 곱게 갈아서
모카포트에 정갈하게 담아 직접 수증기로 올려서 한 잔했다.

향이 나의 눈으로 귀로 코로 마지막 입으로 느껴진다.
끝내 준다.

이 커피!
살아가면서 요런 커피 한 잔할 수 있다면!
자기소개서를 다시 만들고
다시 읽어 넣고
다시 도전!

옛날 같지 않네 선생님

전국대회에 출전하는 운동부 선생님인 친구가 있다.
전국대회 한 경기에서 이기기 위해
그렇게 애들을 혼내기도 하고, 엄하게 꾸짖기도 하면서,
열심히 학생들에게 매달려 지도하는 내 친구다.

어느 날 친구는 참숯이 있는 원탁의 선술집에서
돼지껍데기 구이에 소주 한 잔하며 나에게 열심히 설명한다.

열심히 하려고 하는 제자들과 함께
8강(동메달 결정전)까지 가는 실력을 만드는 것이 너무 힘들다.

3등 안에 입상하여 메달을 따는 것이
대학을 보내기 위한 중대한 목표지만,
더욱 중요한 것은
열심히 하는 녀석들을 잘 가르쳐
메달과 무관하게 최선을 다해 지도하는 것이라고 말한다.

그런데 세상이
이 친구의 마음 같지 않은 모양이다.

술이 좀 들어가니
이제는 반대로, '마음 먹은 것처럼 잘 되지는 않는다'고 힘주어
다른 말을 한다.
잘 가르치더라도 성적을 내야
그래야 진짜 잘 가르치는 선생님이 된다는 것이다.

요즘은 학생이 좋은 고등학교, 좋은 대학교에 합격해야
좋은 선생님인 것처럼

운동도 메달이라는 결과를 가지고

학생이 원하는 대학교에 보내야만 한다.

그래야 좋은 선생님이라는 것이 현실이 되어 버린 지금.

선생님 참 힘들다.

나중에 보면 공부 잘하는 제자보다
선생님과 추억이 많은 제자가 더 많이 찾아오는데.

참 옛날 같지 않네! 선생님.

요런, 마음이 진짜다.

옛날 욕심만 한 가득 내 마음 속에 차 있을 때가 있었다.

난 너무 잘 가르치는 지도자이며,
나에게 배우는 그 누구든 모두 잘 될 꺼라 확신에 찬 지도자!

이런 확신으로 가득한 지도자가 가르치니,
애들은 얼마나 힘들고, 힘들었을까!

갑자기 옛날 김한길 에세이 [눈뜨면 없어라] 중
'그때 그때의 작은 기쁨과 값싼 행복을 무시해버린 대가로' 라는
대목이 생각난다.

작은 기쁨과 값싼 행복을 느끼고 누릴 줄 알아야 한다는 것이다.

나의 지도를 통해 소소한 변화에도
작은 기쁨, 값싼 행복일지라도 나는 기쁘고 행복해야 한다.

그렇게 하지 못하니
나 **불힙걱**이 딩연하다.

친구 하나

tvN 방송 프로 중 삼시세끼 어촌편에서
첫 게스트로 공효진 배우가 출연하면서
차승원 배우와의 일화를 이야기한다.

공효진 배우가 차승원 배우에게
친구가 있냐고 물었는데,
차승원 배우는 친구가 하나 있다고 말을 했다는 것이다.

그 하나가 바로
유해진이라고 말을 하는데,

여기서 '하나'라고 말을 하니,
혹시 듣는 유해진이 기분 나쁘지 않을까 하는 생각을 했다.

'친구 하나'
'하나'라는 말의 사전적 의미를 찾아봤다.

: 수사에서 하나는 수효를 세는 맨 처음의 수를 말하며,
 명사로는 뜻, 마음, 생각 따위가 한결 같거나
 일치하는 상태라고 설명한다.

차승원 배우는 유해진 배우를
자기가 알고 있는 친구 중
가장 첫 번째이고,
유일무이(唯一無二)하게

뜻, 마음, 생각이 모두가 한결 같고,
자기와 일치한다는 뜻으로
'하나'라는 표현을 한 것이다.

국어사전을 찾아보니 참 좋은 말이다.

'친구 하나'

나도 오늘
'친구 하나'
만나봐야겠다.

'친구 하나'

오늘도 생각한다

매년 개강 즈음,
대학 강의를 할 때면
꼭 학생들에게 보여주는 시 하나가 있다.

'일찍 일어나는 새'
쉘 실버스타인(잠언시집 류시화 엮음)

내용을 보면
젊은이들에게 참 의미 있는 시 라고 생각한다.

새는 일찍 일어나야 하지만
벌레는 늦게 일어나야 한다는 이론이다.

딱 봐도 어떻게 살아가야 할까! 하는
생각을 전해 줄 수 있는 시…….

오늘도 생각한다.
난 새인가? 벌레인가?

다른 새들보다 더 많은 먹이를 먹기 위해서
새는 일찍 일어나야 하고

다른 벌레보다 가능한 늦게 일어나야
새에게 잡아먹히지 않는다.

그럼 또
새는 새끼리 경쟁하고
벌레는 벌레끼리 경쟁이다.

누가 더 부지런하고
누가 더 게으른지 말이다.

학생은 무슨 죄

정직하고 소신있어서
흔들리지 않으며,
누가 봐도 존경할만 한
훌륭한 교수님, 선생님이 참 많다.

학교도 전쟁터라
좋은 인재를 모셔오기 위해 별별 일들이 많이 일어난다.

보이지 않지만
잘하는 선수를 모셔와 그해 국가대표로 만들고
국제대회에서 국위를 선양하고 학교 명예를 높이면
SNS에 그 학생의 이름과 학교가 며칠, 몇달을 오르내린다.

예전의 시각으로 보면,
훌륭한 학생선수들이 많은 학교는
당연히 결석이 많고 또 학업 성적도 높지는 않을 것이다.
공부보다는 운동하는 시간이 많고,
대회 출전하는 일들이 많으니
학업 성적을 높게 받기 어려울 것이다.

둘 다 잘 할 수 있다면 좋겠지만,
서로서로 이런 장단점이 있다.
그럼에도 불구하고
나름 각자 위치에서
열심히 노력하는 선생님들이 너무나 많다.

우연히 페이스북에서
한 교수님이 올린 글을 보았다.

학생이 결석해도 F를 주지 않는 교수는 좋은 교수이고,
결석해서 F를 주면 나쁜 교수가 된다.

당연히 후자가 정답이라고 생각하지만

왜 학생들이 결석을 하는 것인가! 라는 질문을
교수 스스로도 한 번은 해보는 것도 나쁘지는 않을 것 같다.

나도 모르는 일

대한민국 동사무소 참 좋다.
뭐 웬만한 모든 서류 행정이 다 해결된다.

지방 모 대학교 '기독교 대학'에 전임교원 접수를 했다.

그런데
서류에 고등학교 생활기록부 첨부라는 내용이 있다.
그래서 난 동사무소 민원 접수로 서류를 받았다.

그런데 처음 보는 고등학교 생활기록부,
첫 페이지가 이상했다.

나의 종교가
'불교'라고 도장이 딱 찍혀져 있다.

난 초, 중, 고등학교 다니면서
나의 종교가 불교인지 몰랐다.

왜냐면 미안하지만
난 아무 것도 한 것이 없다.

난 절에 간 적이 없다. 학생 때 말이다.

하지만
기독교대학 교원 지원을 앞두고

떡 하니 찍힌
불교 도장

하지만 나는 지금
바로 앞 교회 목사님을 좋아하고 존경한다.

그럼에도 불구하고
서류를 제출한 '기독교' 대학교에서 연락이 왔다.

귀하는 어쩌고저쩌고

난 또 불합격!

내가 하면 된다

연구소 연구원, 5번 불합격

그래서 내가 연구소를 만들고
내가 연구소장이 되면 되겠다고 생각했다.

연구소를 만들면 열심히 해야지

나처럼 5번 불합격
5번 불합격의 고배를 마시고도 지원하고 싶은
인기가 좋은 연구소가 되기 위해 말이다.

여기서 중요한 것은
우선 어디라도 합격을 해야
연구소가 잘 될 것 같다는 것이다.

불합격

오랜 시간 함께 한 후배가 있다.
1998년 처음 인연이 되어 항상 함께하면 편한 동생이다.

지금은 자주 만날 수 없지만
그래도 1년에 한 두번 만나
소주 한 잔하며 이런저런 옛날이야기를 나눌 때면
큰 웃음이 항상 샘솟는다.
그런 동생이 어느 날 전화가 왔다.

"형 뭐해"
"나 논문 쓰는데"
"형은 매일 논문만 쓰냐. 전화하면 논문 쓴다고 하냐, 지겹지도 않냐 지금 몇 년째냐"

그렇다.
처음 2003년 대학원 석사를 시작하면서
2013년 박사학위를 받을 때까지

그리고 지금도
1년에 한 편, 두 편 지연과학 논문을 투고히고 발표를 한디.
동생도 지겹겠지.

지난 17년 동안 이러고 있는 형을 보면 말이다.

그런데 신기하게 공부하다 보면
내가 참 잘하는 것도 있구나 싶다.

열심히 공부하고
잘 준비된 강의 자료를 가지고 멋지게 강의를 하고
학생들이 만족하고
간혹 학생들이 교수님의 강의 정말 재미있다고 말해 줄 때면
사실 집으로 오는 길이 그렇게 멀리 느껴지지는 않는다.

이런 반복된 노력이 축적되다 보니
2015년부터 전북 무주 태권도원에서
태권도 예비 사범님들에게 1년에 몇 번씩 강의한다.

태권도 사범이 되기 위해서는
어릴 적부터 최소 7년의 기간을 수련해야
4단의 단증을 취득할 수 있다.
그리고 대학교 4년 그리고 군복무까지 마무리하면
사범이 되기 위해서는
적어도 13년은 소요되어야

태권도 지도자 과정의 연수를 받을 수 있다.

이 또한 이론, 실기 시험을 통과하여
연수를 받고 다시 구술시험에 합격해야
비로소 태권도 지도자 합격 자격증을 받는다.

여기서 물론 불합격을 경험하는 예비 사범님이 있다.

난 강의 전,
진심 어린 마음을 담아

"환영합니다. 예비 태권도 사범님들이 이번 연수를 끝내고 모두 합격하기를 진심으로 기원합니다."라고 말한다.

하지만 나의 진심과는 다르게
분명 불합격을 경험하는 사람이 있다.
뭐 나의 잘못은 아니다.
그런데 나는 정말 미안하고 마음이 아프다.

왜냐면 누구보다
난 불합격을 너무 잘 알고 있기 때문!

한 사람의 열 걸음 보다
열 사람의 한 걸음이 더 위대하다

"한 사람의 열 걸음보다 열 사람의 한 걸음이 더 위대하다."
영화 '말모이'에 나오는 대사이다.

이 문장을 강의 중 학생들에게 이야기한 적이 있는데,
난 스스로 멋지다고 생각하고 이렇게 풀어 말했다.

"내가 열심히 공부하고,
다른 대학교의 전임교원이 되기 위해
열심히 노력하는 것도 중요하다.

하지만 오늘 여기서 여러분이 내가 준비한 이 강의를 듣고
한 걸음 앞으로 더 나아갈 수 있다면,
저는 오늘 나의 열 걸음을 포기하겠습니다.

왜냐면 오늘 나의 강의를 듣기 위해 모여 있는 여러분의 한 걸음이
나 혼자 발전할 수 있는 열 걸음 보다 더 위대하기 때문입니다."

그날 강의 후 난 좀 멋졌다고 스스로 생각해 본다.

하늘의 뜻이다

20대 후반,
모로코에서 1년이 조금 안 되게 살다 왔다.

모로코라는 나라는
중동, 아프리카, 유럽의 문화가 공존하는 참 멋진 나라이다.

아랍어와 불어 두 가지 언어를 사용하면서도
아무런 불편 없이 서로 아랍어와 불어를 사용하는 것이
너무 자연스럽고 아름다운 나라가 모로코이다.

1999년,
아직 모로코는 한국의 미용실처럼
머리 자르는 기술이 그리 발달되어 있지도 않았고
한국 미용실 찾기는 더욱 어려운 때였다.

그래도 머리는 잘라야 했기에
현지에 있는 곳, 한국으로 치면 이발소라고 표현할 만한 곳에 갔다.

그런데 신기한 것이
우리가 알고 있는 양면 면도날로

나의 머리카락을 자르기 시작하는데,
중동국가의 남자 곱슬머리를 자르던 면도날을 가지고
나의 머리카락을 자르기 시작한 것이다.
난 처음 접하는 면도날의 그 소리, 그 느낌이 신기했고
지금도 생생하게 기억난다.

당연히 곱슬이 아닌 머리를
면도날 하나로 밀면서 자르니 머리가 멋지게 될 리는 없다.
물론 그 현지 기술자도 동양인의 가늘고 쭉 뻗은 머리를 처음 잘라 보겠지만 말이다.

머리를 자르고 난 후 삐뚤삐뚤 한 나의 머리를 보고 깜짝 놀랐다.

같이 간 현지 동료와 함께 난
짧은 불어 실력을 발휘하여 어떻게 머리를 이렇게 잘랐냐고
화를 내며 따져 물었다.

그런데 현지 이발사는 나에게 이렇게 말했다.
"지금 네가 나에게 왜 화를 내는지 모르겠다.
이 또한 신의 뜻이다.

그리고 머리는 또 자라나는데

넌 왜 화를 내느냐?

머리가 길면 다시 와라.

내가 잘 깎아 주겠다"고 했다는 것이다.

지금 생각하면 그렇다.

다시 자라나게 될 머리처럼

우리 인생도 다시 도전할 수 있다.

불합격은 한 번, 두 번으로 끝나는 것이 아니기 때문이다.

다시 또 다른 곳에 지원서를 넣고 다시 도전하면 된다.

머리가 자라면 이번에는 다른 곳에서 예쁘게 자르면 된다.

그 모로코 이발사의 말처럼

시간이 지나면 머리는 또 자라고 또 자란다.

우리 머리가 마음에 들지 않는다고 너무 불평하지 말자.

머리는 다시 자라니까!

불합격도 너무 슬퍼하지 말자.

우리 다시 하면 된다.

신기한 현상

여러 TV 채널에서 몇 년째 계속 재방송으로 보내주는
원빈 주연의 2010년 상영된 '아저씨'라는 영화가 있다.

난 이 영화를 30번 이상 본 것 같다.
사람들은 본 영화를 또 본다고 잔소리를 하지만
난 이상하게 이 영화를 볼 때마다
전에 보지 못한 장면이 하나씩 보인다.

특히 '소미' 역(김새론 배우)의 여자 아이가
친구 가방을 만지고나서 훔쳤다고 경찰과 함께 있는 장면.

그런데 경찰은 '아저씨'(원빈)를 가리키며 아빠냐고 물어보자
소미와 눈이 마주친 아저씨는 그냥 무심히 골목길로 가버린다.

소미는 실망하고 혼자 저녁 노을이 보이는
해가 지는 골목길을 쓸쓸히 걸어간다.

소미가 지날 때,
하얀 백발의 할머니가 설거지하고 남은 물로 보이는
김이 나는 물을 바로 골목 바닥에 힘차게 펼쳐서 뿌린다.

저녁 노을이 보이는 골목길에
하얀 수증기가 올라오는 장면에서
난 왠지 그 순간 소미의 슬픈 마음이 느껴졌다.

나만 그런 마음이 보이는가 하고 생각을 해 본다.
아저씨를 만든 이정범 감독이
실제로 그 순간 소미의 마음을 표현하기 위해
골목에 수증기를 만든 것인가? 하고
감독의 마음을 헤아리려 했지만

그 장면에서 난 동시에 도저히 떨칠 수 없는 생각이 있다.

어떻게 저 짧은 한 장면이
나를 엄마가 있는 고향 생각을 하게 만드는지 말이다.

영화가 만들어 주는 정말 신기한 현상이 아닐 수 없다.

진짜 끝내 준다

사실 난 나이에 맞지 않게 재미있는 드라마는 꼭 챙겨 보는 편이다. 학생들과의 대화에 끼고 싶고 학부모들의 대화에도 끼고 싶다.

그래서 처음부터 본 드라마는 아니지만, 사람들 입에 계속 오르내리는 드라마, '도깨비'를 보게 되었다. 5화로 기억하고 있다.

신호등 아래있는 배우 김고은이 공유를 향해 뛰어오는 장면에서 공유가 시를 읽기 시작한다.

난 그 장면을 보며 너무 강렬해서 나도 모르게 "진짜 끝내 준다"는 말을 한 것 같다. 도깨비의 공유는 시를 한 편 읽는다.

질량의 크기는
**
중간생략
**
첫사랑이다. 라고 시를 읽고 있다.
그 장면을 본 나는 바로 이 시가 무슨 시인지 다음날 찾아보았다.
서점가에 벌써 나와 있었다.

2012년 김인육 시인의 '사랑의 물리학'이라는 시였다.
순간 이런 생각을 했다.

'이 시를 쓴 시인도 대단하지만, 이 시를 드라마에 인용한 도깨비 작가도 정말 대단하다!'

그리고 바로 도깨비 대본을 쓴 김은숙 작가를 찾아보았다.
그 유명한 작가가 맞는지... 다행히 나의 생각이 맞았다.

아름다운 시를 드라마에 사용하여 장면을 더욱 아름답게 만들고 시청자의 마음 또한 첫사랑을 생각하게 하는 마법 같은 그 실력은 누구도 감히 흉내 낼 수 없는 마법 같다고 표현하고 싶다.

그러면서 난 또 혼자 이런 말을 하고 있다.

"나도 강의를 이렇게 하고 싶다"
사람의 마음을 따뜻하게 만들어 줄 수 있는 강의 말이다.

마법! 같은 강의!

선진국

3천만원,
병원비 이야기다.

아기가 태어나 병원에 입원했다고 한다.

병원비가 이 만큼이나 나왔는데
모두 보험이 된다며 안도의 큰 한숨을 내어 쉰다.

팩트풀니스(FACTFULNESS) 의 저자 한스 로슬링은
'사실 충실성'이라는 뜻의
'우리는 세계의 기본 추세를 침팬지만큼도 모른다'는 말과 함께
오늘날 아동 사망률이 1,000명당 3명에 불과하고,
그 중 익사는 고작 1%.

울타리를 치고 보육 시설을 마련하고,
구명조끼 입기 운동과 수영을 가르치고,
공공 수영장에 안전요원을 배치하고 ...

사회가 부유해지면서
아동의 끔찍한 사고가 점점 사라지는 것!

이런 발전이 선진국이다.

난 1979년 시골 할아버지 집 화장실에 빠져 죽을 뻔 했다.
지금도 그 순간을 기억한다.
살려달라고 나무를 부여잡고 살려달라고 소리쳤다.
난 그때 7살이었다.

이제 우리나라도 참 좋아졌다.
엄청난 대가를 치러서 말이다

2014년 4월 16일

인천에서 제주도로 향하던 여객선 세월호가
진도 인근 해상에 침몰하면서 304명이 사망·실종된
대형 참사가 있었다.

마음이 아프다.
이때는 우리나라가 아주 좋지 않았나 보다.

더 많은 말을 하면 화가 난다.

순위 0 순위

말은 딱 너야~
인정은 하는데,

내 마음은 인정하지 못한다.
정말 인정하기 싫다.

중요한 것은
그냥 하는 말과 마음속에서 하는 말이
똑같지 않아 속상하니까

그러려면 처음부터 하지 말아야 하는데 말이다.
지금 기분은 좀 그렇다.

뭔 이야기지?
네 경험이야

나라가 하는 일이지만
나라가 그렇게 만들어

사람을 장난감 찍어 만들 듯이 그렇게 만들어

똑같은 그런 뭐 있잖아 알잖아
말로 표현하지 않아도

블럭 장난감처럼
그렇게 똑같은 블럭끼리 만나

그렇게 블럭을 연결해서 만들어.

의자, 자동차를 적당히 만들어.

그리고 또 그렇게 살아간다고.
끼리끼리 <u>흐흐흐</u>

일 순위도 아니고 영순위로 정해 놓고 말이다.

그리고 좋은 블럭을 좋은 자리에 끼워 넣지

나도 똑같은 블럭인데,
왜 저 블럭은 되고, 난 안 되는 것이지?
또 불합격을 받아들인다.

축구는 욕이 많고, 야구는 웃음이 많다

그냥 하는 이야기다.
축구 팬도 야구팬도 어느 쪽을 편드는 것은 아니다.

축구를 본다.
가만히 생각해보니 축구를 보면서 '이런! 저것도 못해', '왜 패스를 저렇게 해!', '아 진짜!' 이런 말들을 한 번씩은 해본 적이 있을 것이다. 특히 중요한 국가대표 경기라면 모두 어마어마하게 집중하며 함께 보는 사람들과 국가대표 선수가 실수라도 하면 '저 녀석', '이 녀석'이 오가며 소리를 지르고 화를 내고 욕을 한다.

대한민국을 응원하는 목소리라고 변명을 해보지만, 축구는 사실 보는 내내 욕이 많다.

하지만 그렇게 욕을 하고도 그 선수가 90분 동안 단 한 번의 골에 성공하면 그 선수를 향한 함성과 응원이 넘쳐난다. 역시 잘한다며 칭찬과 박수가 하늘을 찌른다.
언제 욕을 했나? 하면서 축구도 웃음이 많아진다. 웃음을 만들어 준 그 선수는 오늘 영웅이 되는 것이다.

야구를 본다.

웃음이 많고 말이 많아진다.
경기 방법을 모르는 딸에게 설명도 해주면서 어깨에 힘도 들어간다. 축구에서 90분 동안 계속 기다리는 골보다 야구는 매 순간 소소한 웃음이 많다.

본인이 응원하는 팀을 보며 우리 편 투수가 스트라이크를 던졌다고, 아웃을 잡았다고, 내야, 외야에서 멋진 수비로 공을 잡아 아웃을 시켰다고 좋아라! 한다. 그리고 우리 편 선수가 안타를 쳤다고, 홈런을 쳤다고 '좋아라! 한다. 수비할 때도 공격할 때도 모두 모두 웃음이 많아진다. 하지만 경기가 끝이 나면 그렇게 많이 웃다가도 우리 편이 졌다며 실수한 선수의 이름을 말하고, 팀을 비판하며 화를 내고 욕을 한다. 야구는 경기가 끝이 나면 욕을 한다.

축구를 보며 욕을 하고, 야구를 보다 웃음을 짓는 것이 모든 것이 스포츠를 사랑하는 마음에서 나오는 행동이라 생각한다.

하지만 주변에 피해 주지 말고 스포츠로 하나가 될 수 있는 행복한 시간이 될 수 있기를 바란다. 그리고 열심히 노력하고 열심히 뛰고 있는 선수들의 귀에는 욕보다 힘찬 응원과 칭찬이 들릴 수 있도록 해주는 것이 선수를 위한 진정한 응원 문화라고 생각한다.

스승이 된다는 것은

요즘 지방 행사를 다니면서
만나는 사람도 참 많아졌다.

그런데 지도자 중 착각하는 어른들이 있다는 것을 느꼈다.

내가 가르치고 나에게 배우는 학생이 나의 제자라면서

내가 소유하고 있다고

내가 아니면 안 된다고 생각을 한다.

하지만 착각이다.

스승이 된다는 것은
넌 나에게 배웠기에 나의 제자이고,
너가 잘 되기 위해서는
꼭 나에게 배워야 하고 뭐 이런 것은 없다.

너가 나에게 배웠다면, 이제 생각하라.
나를 존경할 수 있는지 말이다.

나를 스승이라 불러 줄 수 있는지 말이다.

그들이 나를 스승이라 불러 줄 때
그때 나는 진짜 스승이 된다.

그때!

비로소 제자와 스승의 관계가 된다는 것이다.

스승은 항상 한결 같은 마음으로
제자가 찾을 때
언제나 그 자리에서 스승이 되어주면 된다.

스승은 스승이 되고 싶다고 되는 것이 아니기 때문이다.

스승은 내가 스승이라고 하여 스승이 아니라,
나에게 배운 제자가
스승으로 불러 줄 때 스승이 될 수 있다.

스승만 모르는 사실

스승은 어려운 존재다.
모든 제자는
그럴 수 있다.
제자 말씀.

학생 시절 배운 제자들이
이제 대학생이 되고, 성인이 되고 , 장가를 가고
스승의 날이면, 추석이면, 설날이면, 주말이면,
또 그냥 왔다는 말을 하면서

스승 앞에 와서 이런 저런 수다를 떨어 가며 웃고 있지만
사실은 항상 어렵다는 사실을 스승만 모른다고 한다.

스승은 어른 된 제자라고 농담도 해주고
편하게 해주려 노력을 해보지만
제자들은 어렵다고, 쉽지 않다고, 그렇지 않다고 생각하고 말한다.

그런데 그 사실을 스승만 모른다고 말하는 제자님의 말씀을 오늘 듣는다.

라면 1박스, 소주 2번

지금까지 살아오면서 나의 인생,
우리가 살고 있는 세상에 대해
걱정과 고민이 많던 시절

난 고민을 말한다.

내가 이렇게 사업을 하려고 한다.
어떻게 생각하느냐고.

그런데 무조건 망한다.
안 된다.
큰일 난다.
반대다 반대.

하지만 난 할 거다.

그렇게 난 꼭 한다고 말했다.

왜냐면
망해도

한 달에 꼭
나를 위해

라면 1박스를 보내 주고
한 달에 소주 2번을
함께하겠다는 제자가 있다.

그 말만 믿고
난,
나는 도전했다.

한 달에 라면 1박스에 소주 2번 때문에 말이다.

너희가 힘들면 내가 업고 간다

교수도 못되고
선생님도 못되고
스승도 못되고

불합격.. 그런 말들을 하며 소주 한 잔 하는
우리는 힘들어한다

그런 말들을 하며 소주 한 잔 하는 우리는

우리는 다시 술을 한 잔 한다.

그런데
힘들면 내가 업고 간다는 우리 스승님이 있다.
그런 스승님을 생각한다.

난 포기하려는 제자를 업고
정상으로 갈 생각까지는 못하고 살았다.

그래서 난 불힙격이다.

Ctrl+C, Ctrl+V

제자 중에 참 예쁜 제자가 있다.

처음 대학을 합격하고 입학할 때,
나의 가장 큰 자랑이 되었던 제자다.
지금은 함부로 말하기 힘들만큼 아주 잘 나가는 아기 엄마다.

문학소녀, 작가가 되면 나의 이야기를 적어 본다고 했는데,
아직 소식이 없는 것을 보니 아기가 더 커야하는 모양이다.

우연히 컴퓨터를 정리하다 옛날 생각에
허락도 받지 않고 제자의 시 한 편을 Ctrl+C, Ctrl+V를 해본다.

고등학교 때 적은 시라고 하는데
어디 한 번 읽어보자
예쁜 녀석이 참 예쁘게도 적었다.
예쁘다.

* 제목 : 비

또로록 또로록 톡톡
미끄럼틀 타는 5살박이 아이마냥
너는 그런 순수함을 지녔어

따끔따끔
시린 심장 박동이 아스팔트에 부딪힐 때면
때론 그것도 무성해져
알 수 없는 목적지를 향하며 불안해하곤 했어

혼자밖에 설 수 없는
외로운 피라미드 꼭대기에 닿을지라도
따가운 가시밭으로 떨어질 줄도 모르는 운명을
넌 설레어하곤 했어

빠알간 고추 나부랭이의
황홀한 벌판의 풋풋함도
크리스탈 투명한 유리잔의
영롱한 원석의 강렬함도
너와 어울리는 그런 느낌이었어.

*제자에게 미리 허락을 구하고 적어 봅니다.

큰 일

어른들에게서 들은 말이 있다.
'세상에 태어날 때는 순번이 있어도
저기 저 세상 갈 때는 순번이 없다.' 는 말이다.

무섭다. 아주 무서운 말이다.

나랑 술만 먹고 나면 심장이 아프고
나랑 술만 먹고 나면 가슴이 아프다고
대학교 때 배운 제자가 이제 그런 말을 한다.

"누구보다 빨리 죽는 것은 문제가 아닌데,
나이도 이제 먹을 만큼 많이 먹었고
나이는 먹고 또 스승을 닮아 부자는 못 되고
그렇게 먹고 살만큼 돈도 많이 못 벌었고
그러하지만 모두 행복하면 좋은데
누구에게 물어도
행복하다는 사람 단 한 명도 없다"

"빨리 죽고, 오래 살고, 고민 말고

살아가며 우리,
작은 행복, 작은 기쁨
그 작은 행복, 작은 기쁨에 웃을 수 있는 사람이
진짜 행복한 사람이다.
하지만 작은 행복, 작은 기쁨이 보이지 않는다.
삶이 힘들어져도 조금만 참고 견디고 노력하면!"

뭐 이런 말을 많이 하는데

이제 더 못하겠다. 거짓말!

내가 어른인데 큰일이다.
큰 일.

맹장은 두 개

사람 몸의 장기 중에서 큰창자가 시작되는
오른쪽 아랫배 부분에 '하나' 붙어있는 작은 튜브 모양의 기관으로,
유용한 기능이 없는 것으로 추정되는 이 장기는 '맹장'이다.

인간의 진화 과정에서 쓸모 없게 된 상태로 남아있는 장기가 맹장이라고 인터넷 사전에서는 알려주고 있다.

내가 지도하는 학생이 맹장(충수염) 수술을 하고, 10일 만에 다시 수업을 받게 되었다.
많이 아팠는지 얼굴 살이 쏙 빠져서 왔다.
수술한 곳 실밥을 어제 풀어서인지 몸이 자유롭지가 않다.
그래서 난 수술하고 온 중학생 친구에게 진심을 다해 충고를 했다.

"조심히, 천천히 해라. 맹장은 좌우 합쳐서 '2개' 있는데 그렇게 아파서 어떻게 하냐?"
"그렇게 무리하면 하나 남은 반대쪽 맹장까지 모두 다시 수술해야 한다"라고 말했다.

그리고 갑자기 맹장 수술을 한 몇몇 중고등 학생이 작은 목소리로 이렇게 말을 한다.

"큰일이다"
"진짜 아픈데, 난 오른쪽 하나 수술했는데 반대쪽도 해야 되네"

그러는 사이, 더 심각해진 다른 학생은

"그럼 난 어떻게 해,
나는 아직 오른쪽, 왼쪽 하나도 수술 안하고 두 개나 남았는데..."

그냥 웃자고 한 이야기다.

말을 하고, 입을 함부로 그렇게 놀리면 안 된다.

스승의 말을 듣고 맹장이 2개라고
친구, 지인들과 싸우는 우리 애들을 생각하니
무섭고 이마에 땀이 날 것 같다.
배우고 존경받고 누구에게 절대적인 신뢰를 받고 있다면
말 조심하고 입 닫고 조용히 이제 진실을 말해라

입 닫고, 말조심하라고!

우울증

미치겠다. 우울증이 올 것 같다.
우울증 때문에 죽을 것 같다.
속상하고 짜증 난다.
인생, 나랑 잘 맞지 않는다.

그런데 이렇게 만나니

왜 우울증이 올 것 같은지
왜 힘든지 이렇게 가만히 들어만 줘도 기분이 풀린다고

한 제자가 오늘 나를 찾아와서
소주 한 잔하며 자기 이야기만 잔뜩하고 집으로 갔다.

우울증이 오고 힘든 날이 오면
언제라도 다시 찾아와라
언제라도 들어 주마

그리고 기분 좋은 날! 그런 날도 찾아와라
나도 힘든 날이 있으니 말이다.

맛 있는 술, 맛 없는 술

고등학교 스승님을 만나
소주 한 잔을 했다.

사실 스승님과 얼마만에 독대하며
소주 한 잔을 하는지 모르겠다.

참으로 모시기 힘든 분이다.
저기 높은 위치에 계시는 분이라

스승님과의 이 자리를 온전히 나 혼자 독차지하기에는
참 미안하고 고마운 분이시다.

그런데 스승님이 이렇게 말씀하신다.

"요즘 맛 없는 술이 너무 많아
그런데 너랑 마시는 이 술은
진짜 맛있는 술이네!"
이렇게 말씀을 하신다.

무슨 말씀인지 살짝 감은 오고, 또 눈치는 간다.

어려운 자리에서
많은 이익 관계가 오가는 요즘,
맛없는 술자리가 많아 피하셨나 보다.
하지만 나는
아직 맛없는 술이 없다.

힘들면 술이 쓰고,
기쁘면 술이 달고,
행복하거나, 슬퍼지면
술이 많아진다.

아직 맛 없는 술을 맛보지 못하는 것을 보니
내가 더 공부해야 하고
더 노력해야 겠다고 느낀다.

하지만 그렇게까지
난 맛 없는 술을 먹고 싶지는 않다.
그래서 여기에 이렇게 있나 보다.

줄 곳, 벌 곳

난 할 일이 없어
이제 그냥 한 300만원 판공비 주면서
나보고 무슨 일 하라면 뭐라도 하겠는데,
어쩌지? 뭐 없나?

그런데 무서워
집에서 나를 바라보는 마누라가

그럼 300 만원 줄 곳을 찾지 말고
내가 300 만원 벌 곳을 찾는 것이 우선이다.

그제서야 집에서 바라보는 그 분이 웃는다.

사탕 하나 백만 원

편의점에서 미성년자가 담배를 사려고 한다. 그런데 아르바이트 학생은 학생증을 달라고 하는데, 미성년자는 없다며 그냥 달라고 웃으며 아르바이트 학생과 이야기를 하고 있다.
뒤에는 손님들이 줄을 서서 기다리고 있다.

기다리던 40대 아저씨 손님은 짜증도 났지만 점잖게 빨리 좀 계산을 하라며 말을 한다. 당연히 아저씨 손님은 미성년자가 담배를 사려니 아르바이트 학생의 편을 들어 주기 위해서 말을 한 것이라고 보인다. 그런데 이 미성년은 그 아저씨 손님을 보고 왜 반말을 하느냐며 말싸움이 일어나고야 만다.

미성년자 학생과 말싸움 끝에 화가 난 아저씨는 버르장머리 없다며, 츄파춥스 사탕을 손에 쥐고 머리를 한 대 때렸다. 사탕으로 한 대 맞은 학생은 부모님과 함께 경찰에 고소했고, 합의금을 몇 백만 원 달라고 했다. 하지만 합의는 없었다.

이유는 이러했다.
담배를 달라고 하는 미성년은 아르바이트 학생과 친구 사이고, 서로 장난을 치느라 뒤에 있는 손님은 생각도 하지 않은 것이다.
결국 경찰이 CCTV를 확인 한 결과,

아르바이트 학생은 편의점의 다른 물건을 그 친구와 함께 훔쳤고, 미성년이지만 그 친구에게 담배도 팔았고, 서로 담배를 피우는 장면도 모두 발각이 되었다.

그렇지만 그 아저씨 손님은 결국 경찰로부터 합의 없이 벌금 100만원을 납부하고 마무리를 했다.

나는 생각한다. 이 이야기에서 무엇이 잘 못 되었는가.
다시 한 번 생각을 해봐야 할 일이다.

츄파춥스 사탕으로 머리를 한 대 때린 아저씨, 담배를 사려던 학생, 편의점에서 물건을 훔치고 친구와 장난하는 아르바이트 학생, 자기 아들이 무슨 잘못을 했는지 듣지도 묻지도 않고 사탕에 머리 한 대 맞았다고 경찰에 고소부터 하는 그 미성년 학생의 부모.

사탕으로라도 때린 것이 잘못이지만,
누구의 잘 잘못을 생각하기 전에 중요한 것은
이 글을 적고 있는 난 그냥
마음이 짠하고, 한심하고, 싸증이 나고, 화 가 난다.

그냥 싫어

그 사람은 나에게 전혀 잘못한 것이 없는데
난 그 사람이 싫다.

뭐지?
어떤 이유로?
그냥 싫다.

나만 그런 생각을 하나?
그냥 싫다는 마음
그런데 한 번만 생각해봐

왜! 싫어?
그냥 싫어!

다른 사람도 나를 이렇게 그냥 싫어하겠지

그러니
착해지자! 오늘부터.

인생이 네 마음대로 되느냐!

1994년 겨울,
1년간 학원에 다니며 재수를 하고도 원하는 대학에 가지 못했다.
그때 나이 21살.

먼저 대학에 간 친구 자취방에서
소주를 마시며 시간을 보내던 어느 날,
친구 따라 아르바이트를 했다.

집 짓는 곳의 철근 구조물을 엮는 일이었다.
아르바이트를 하는 매일,
새벽 날씨는 너무 추웠고
일찍 일어나 힘든 몸을 이끌고 몇 시간씩 차를 타고 가서
칼바람을 맞으며 일을 했다.

차디찬 철근은 어깨를 누르고, 손은 얼어붙고
아침에 내린 하얀 서리는 미끄럽고 모든 것이 너무 힘들었다.

그런 날이 며칠 지나 어느 날,
함께 일을 하시는 어른 한 분이
이제야 나를 알아보고 부르신다.

"너 몇 살이냐?"

뭐 이것저것 물어보신다.
하지만 지금 생각하면
힘드냐는 말은 물어보지도 않았던 것 같다.

그렇게 10시쯤 참(간식)으로 라면을 먹었다.

그런데 나를 불러 소주 한 잔하라며 주신다.
맥주 컵에다 ㅎㅎㅎ

난 깜짝 놀라
"저 못 먹습니다" 라고 말을 했다.

그런데 이렇게 말씀을 하시네
"인생이 네 마음대로 되느냐"

난 대답했다. " 아니요"

다시 그분이 나에게 하는 말씀은

"그래. 이것도 네 마음대로 안 된다. 마셔라"

그런데 신기하게
나도 모르게 그 말에 수긍하며 마셨다.

칼바람이 불던 그 날은
정말 너무 추운 날로 기억이 된다.
너무너무 추웠는데……

그런데 그날
난 힘들지도, 춥지도 않게
일을 잘 마치고 집으로 돌아왔다.

그분은 나에게 힘드냐, 춥냐,
이런 말 한 마디의 걱정보다
경험하나 없고 부족한 어린 나를
춥지도, 힘들지도 않게
일할 수 있도록 해 준 것이다.

그분의 힘든 상황을 견디는 유일한 방법이

말보다 맥주 컵에 가득 채운
소주 글라스 한 잔이었다는 것을
이제는 알겠다.

그날 모든 시간이 순식간에 지나고
춥지도, 힘들지도 않게 안전하게 일을 잘 마무리 했다.

난 요즘도 가끔 너무 추운 겨울이면
대학생 제자들과 소주를 같이 한 잔 마신다.
그럴 때면 항상 생각난다.
내가 얼마나 춥고 힘들어 보였을까 하고 말이다.
그분의 소주 한 잔이 그분이 어린 나에게 해줄 수 있는
가장 따뜻한 배려였다고 생각을 한다.

너무 춥고 힘들었다.
그래서 지금도 자랑한다.

그 시절 그 경험 그 소주 한 잔을 말이다.

밥 사줄까! 술 사줄까!

내가 왜 밥 사주는지 너 아나?
우리가 왜 술 사주는지 너 아나?
밥 왜! 사주는지?
술 왜! 사주는지?

낮에 밥만 먹는 것은 가까워지고 싶어서고
밤에 비싸고 화려한 술만 마시는 것은 나쁜 짓하고 싶어서다.

알아야지.
요즘에 밥, 술 모르면 큰일 난다.

세상에 낮에 밥 먹고 가까워지고
밤에 술 먹고 나쁜 짓 하려는 인간들이 많아
낮에 사주는 밥, 밤에 사주는 술

잘 못 삼키면 큰 일 난다.
밥 사줄까! 술 사줄까!

이런 질문 받으면
착하게 밥만 먹자.

커피 맛집

이렇게 많은 커피 가게에
왜
커피 맛집을 찾아보기 힘들까!
커피 맛은 거기가 거기지

커피는 맛있는 인테리어
커피는 맛있는 분위기
커피는 맛있는 풍경

커피는 뭐 이런 거랑 함께 마시기 때문에
커피 맛집은 찾아보기 힘들어

부자 이야기

스키장에 갔다.
스키를 타고난 후,
사람 없는 강원도 어느 산 언덕에 올랐다.

시원한 바람, 아름다운 풍경을 보니
따듯한 커피 한 잔이 생각났다.

나는 몇 주 후 다시 이곳에 올라 왔다.
다시 생각났다.

아 여기서 커피 한 잔 마시면 좋겠다 싶어서
인근 마을 집에 월 5만원을 주고
그 언덕에 커피 자판기를 한 대 설치했다.

난 한 달에 가끔
그 언덕위의 자판기 커피를 마시고 싶어서 올라와
커피를 마시고 자판기를 청소하고
새로운 물과 커피를 채우고 관리를 했다.

시간이 몇 달 흐르고

그 언덕에서 나와 똑같이 커피 한 잔 마시고 싶은 사람들이
몇몇 있는 것 같다.
처음에는 한 잔, 두 잔.
이제는 그 자판기 커피 인기가 너무 좋아,
1주일에 2번은 가서 커피를 채워야 했다.

그리고 더 맛나고 고급진 커피 자판기를 2대 더 추가로 설치했다.
3년이 지나 난 그 언덕에 커피 가게를 오픈했다.

처음 그 언덕에서 커피 한 잔 마시고 싶다는 생각이
나를 사장님으로 만들어 주고
지금은 부자로 만들어 주었다.

그냥 갑자기 나도 모르게 떠오르는 생각,
그 생각을 행동으로 옮겨보세요
그럼 부자가 되어 있을 겁니다.

지금 커피 한 잔 하시죠, 여러분!

역동적(Dynamic)

뼈가 움직이니 근육도 움직여

근육이 어떻게 움직일까
고민을 많이 했는데 참 어렵다.

제자가 말해 주었지.
뼈가 움직이니 근육도 움직인다고

아차! 순간 완벽하게 이해가 되고 또 속을 뻔했네

다시 생각해도 근육이 움직이니 뼈가 움직이지 않나
아니 그럼 뼈는 또 어떻게 움직이지
참 공부 힘들다.

지식이 상식이 되는 그날까지 공부하자.

그냥 재미난 생각

대한민국에서 우리가 알고 있는 멋지고 훌륭한 운동선수를 만드는 방법을 모든 과학적인 자료와 사회학적 연구 등 할 수 있는 모든 지식을 모아서 만들어 보자.

우선 신체 건강하고 건전한 생각을 가진 남자와
10대 20대 시절 운동을 많이 하고
미토콘드리아 세포가 넘치는 여자가
서로 사랑을 하여 결혼을 하면 된다. 그리고 아이를 낳게 된다.

아이는 꼭 1월에서 3월에 출산하면 된다.

그리고 아이 중에서도
첫째보다는 둘째에게 운동을 시키면
우리가 말하는 유명한 운동선수 부모가 될 수 있다는 것이다.
어떻게 이런 이론이 나오는지 살펴보면 다음과 같다.

우선 인간의 세포는 몇 억, 몇 조 이상이다.
그런데 그 중 미토콘드리아 세포는 모계유전이다.
즉 엄마에 세만 유진이 된다는 깃니다.

미토콘드리아는 세포 중에 자가발전을 하는 에너지원으로써
운동을 많이 하면 많아지고 운동을 하지 않으면 줄어든다.

그렇다면 이 세상 운동 잘하는 선수들은 모두 엄마의 자녀들인가 그렇지는 않다

이 세포 하나가 모든 운동기능을 대변하는 것은 아니기 때문이다. 하지만 훌륭한 운동선수를 만드는 방법 중 하나이다.

그리고 1월에서 3월에 출생해야 하는 이유는
말콤 글래드웰의 저서 '아웃라이어'에서 설명하고 있다.

생일이 빠른 아이들과 하키선수의 수행능력 간의 상관관계를 살펴본 결과, 1월~3월 사이에 태어난 아이들이 우수한 실력을 갖추고 있다는 것이다.
그렇다면 1월생과 12월생을 비교했을 때,
당연히 어린 유소년들은 그 몇 달간 더 빨리 태어나서 좀 더 숙달된 아이들이 더 재능이 있어 보인다.
그렇게 선발된 아이들은 클럽 대표가 되어 우수한 코치 아래서 집중훈련을 받으며 더 많은 경기와 더 많은 경험을 통해 정말로 뛰어난 선

수로 거듭나면서 몇 달` 늦게 태어난 아이들과 점점 더 격차를 벌이게 되는 것이다.

미국의 경우 축구, 농구, 야구에서까지 이러한 현상들이 일어나고 있는 것으로 볼 때, 특정한 시기 즉 한국에서 1월~3월 사이에 태어난 아이들이 더 많은 이득을 보게 되는 것이다.

그리고 형제 중 첫째는 스포츠 사회학적으로 볼 때
한국의 가부장적 문화에서 형이니까 장남이 잘 되어야 우리 가정이 행복하다는 등 여러 이유로 자기가 원하는 길보다는 공무원이나 안정된 직장을 가진다는 연구 결과가 있다. 반면 동생들은 그 형들과는 달리 자유분방한 생각과 성격으로 스포츠 선수로서 뛰어난 재능을 발휘하는 경우가 많다는 연구 결과가 있다

종합하면 결론적으로
미토콘드리아가 많은 유전적 요인과
1월생 그리고 둘째 아들이 우수한 스포츠 선수로 성장할 수 있는 가능성이 높다는 재미난 생각을 해 본다.

누군가를 가르친다는 것!

오래전 수능이 다가올 즈음
내가 강의를 나가는 K 대학교에서 있었던 일이다.

강의를 듣는 대학생이 자기도 수능을 본다며 수능 날에는 강의에 들어 올 수 없다고 미리 말을 하는 것이다.

난 생각했다. 여기도 들어오기 힘든 대학인데
또 다른 목표를 가지고 도전을 하는 것인가? 라는 의문이 생겼다.
그래서 물어봤다.

"왜 다른 학교에 가기 위해 준비를 하니?"

그런데 그 학생이 하는 말에 나는
'누군가를 가르친다는 것'에 관한 생각을 했다.

그 대학생은 지금 아르바이트로 체대 입시 학원에서 입시반 학생들을 가르친다고 말했다.

자기가 지도한 학생들이 시험을 잘 치르도록
실기고사장에 함께 들어가 준비운동부터 끝까지 지도해주고 싶다고.

이 학생이 수능 시험을 보는 이유인즉슨,
수험생이 아니면 실기 장에 들어갈 수 없기 때문에 수능을 본다면서
자기가 실기 장에 들어가서 제자들이 합격할 수 있도록
끝까지 최선을 다해 마지막까지
조금이라도 더 알려주고 지도해주기 위해
자신도 수능을 보는 것이라고

스승, 지도자, 선생님, 교수…….
난 어디까지 생각을 하며 가르치고 있는지 스스로 질문한다.

하지만 정확한 답을 내릴 수가 없었다.

한편 제자의 합격을 위해 수험생으로 위장하면서까지
실기 시험장에 들어가야만 했을까?

실기 시험장부터는 학생 스스로가 해야 하는 것이 맞다.
긴 인생에서 지도자가 언제까지 곁에서 도와줄 수는 없기 때문이다.

그렇게 스스로 중대한 일들을 치르면서 성장하는 *거라고*.

또 자기의 행동에 책임감도 기르게 될 것이라고 알려 줄 수도 있지 않을까?

젊은 스승의 열정은 뜨겁다.
그만큼 절실하게 스승으로 자기가 지도한 학생의 대학 합격에 도움을 주고 싶다는 생각이 컸던 것 같다.
그 학생이
실기 시험장까지 들어갔는지 아닌지는 모르겠다.

그래도 난 이 친구처럼
제자를 생각하며 행동으로 옮겨 본 적이 있는가? 생각했다.

없는 것 같다.

그래서 난 스승, 지도자. 선생님, 교수로서 불합격이다.

불합격을 해결 할 좋은 방법

F가 아닌 A에 주목하라
무슨 말일까? 읽고 싶어 구입했는데,
무슨 일들이 그렇게 많은지 몇 달이 지나 얼마 전에 보게 되었다.

책 '스위치' 내용을 인용하면
F가 아닌 A에 주목하라는 말이다.

한 번쯤은 생각하고 좋은 방법으로 고민해 봐도 좋을 것 같다.

몇몇 부모는 F에 집착하는 경향이 있다.
충분히 공감이 간다.
부모의 마음은 자녀가 뭔가 잘못된 것 같으면
그것을 바로잡아야 한다고 생각하기 때문이다

아이에게 학원, 과외를 시킬까 아니면 벌을 줘야하나?

어쨌든 성적이 좋아질 때까지
외출 금지령, 핸드폰 압수, 용돈을 줄일까!
부모들은 이런 생각들이 드는 게 당연할 수도 있다.

그럼 반대로 이런 부모는 어떨까?

오! 한 과목은 A를 받았네. 넌 그 과목에 소질이 있나 보다.
어떻게 하면 그런 소질을 키워 줄 수 있을까? 라고 생각하는 부모 말이다.

부모로서 당신은 어디에 시간을 투자하는가?

일반적으로 부모는 F 받은 과목에 집중적으로 시간을 투자한다.
나의 자녀는 F가 아닌 다른 과목 A를 받은 과목에 소질이 있는데 말이다.

자녀 교육만큼 우리 부모들은 이제 약점에 대해 괴로워하기보다 강점을 최대한 활용하는 법에 대해 생각해 보는 것도 불합격을 해결할 좋은 방법 중 하나 일 것이다.

싸가지 있는

어른들이 곧잘 예의 없는 아이들에게
싸가지 없는 이라는 말을 자주 사용한다.

싸가지의 사전적 의미는 싹수의 방언으로
'될성부른 나무는 떡잎부터 알아본다.'는 속담이 있듯이,
장차 거목이 될 나무는
씨앗 속에서 처음 싹터 나오는 잎부터 그 징조가 보인다는 뜻이다.

그렇다면 '싸가지 없는' 이란 말은
보나마나 썩어 버리거나 자라다 말고 죽어 버릴 나무라는 것이다.

너무 무서운 말인 것 같다.

1998년 대학교 때 미얀마로 공연을 간 적이 있다.
한 친구는 그 나라 음식의 향신료 때문에
하루 종일 더운 날씨에도 불구하고 아무것도 먹지 못하고 있었다.

저녁이 되어 걱정된 마음에 호텔 방으로 가보니 혼자 한국에서 가져온 햇반을 익히지도 않고 그냥 퍼먹고 있었다.

그 친구는 뭐라도 먹어야 내일 다시 공연을 할 수 있을 것 같다고
내가 지쳐 실수하면 팀에 피해를 줄 수 있기 때문이라며
꾸역꾸역 그 맨밥을 먹고 있었다.

이런 '싸가지 있는' 녀석!

자율 경쟁

친구가 너무 잘한다.
불안하다며,

이 친구는 이렇게 말을 합니다.
"저는 다른 학원으로 이동하기 전, 잠깐 남은 시간을 활용하여
그 친구보다 한번만 더 연습을 해야겠습니다"

지난 주말에 자기 친구가 너무 잘하는 것 같다며 영어 학원가기 전 남은 시간에 잠깐이라도 더 연습을 한다는 이 친구는 초등학생입니다.

생각을 행동으로 옮기는 의지는 강인함으로 나타납니다.

이런 제자만 있음 스승은 고민이 없지.

스스로 목표를 설정하고 노력할 수 있다는 것이
이후 얼마나 더 큰 강인함을 기르게 될지......
먼 훗날 훌륭한 사람이 된 제자를 보며 혼자 만족하겠습니다.

혼자 연습한 그 친구는 전국대회에서 입상을 했습니다.

뇌는 아주 게으르다

대학원 박사 과정 중 인체해부학 수업에서
뇌에 관한 논문을 공부하여 발표한 적이 있다.

논문은 운동이 알츠하이머에 미치는 영향 정도로 간략하게 설명하자. 그 발표를 위해 난 뇌에 관한 공부를 하면서 문득 이런 생각이 들었다.

'뇌는 정말 게으르다!
그렇다면 이 게으른 뇌를 역이용하는 것이 좋겠다'고

나는 운동선수의 체력훈련 필요성을
'뇌가 게으르다'는 이론을 가지고 학생들에게 설명하기 시작했다
당연히 성공적이었다.
학생들이 아주 쉽게 알아듣기 시작했다.
초, 중, 고등부, 대학부 모두 말이다.

설명은 이렇다. 뇌는 게으르고 인간은 운동, 즉 기술 능력을 향상 시키기 위해서 그 기술에 필요한 하위요인인 기본 체력과 전문 체력 그리고 반복되는 단순 동작들이 필요하다. 운동의 원리에서 점진성의 원리가 있는데, 점점 운동 강도를 높여가는 것이다.

그럼 어떻게 높여가는 것인가! 그것이 문제다.
여기서 뇌의 습성을 역이용하면 된다. 뇌는 게으르고 자기가 힘든 것을 정말 싫어한다. 운동하는 동안 힘들고 괴롭고 피곤한 것이 있다면 수면 및 휴식을 취하는 동안 다시는 힘들지 않기 위해 오늘 힘든 것보다 조금 더 에너지를 보강하고 상처난 곳을 치료한다.

이렇게 뇌는 힘든 부분을 '초과 보상'이라는 원리로 몸을 다시는 힘들지 않도록 만들고 있다.

그러므로 항상 조금씩 어제보다
높은 운동 강도로 훈련을 하게 되면 체력은 늘어나고 기술은 향상된다는 간단한 내용이다.

우리 사람이 그렇다.
처음 경험하는 것에 두려움이 있지
익히 알고 있는 것에는 별 관심이 없다.

불합격!
너는 내가 너무 많이 알고 있으니 관심이 없다. 이제 좀 가라 가!

사람들은 재미없는 이야기

매일 힘든 하루하루 살아가다 보니
누구는 돈이 없고, 누구는 뭐가 없고,
그래서 아무도 생각하지 못하는 생각이 있다.

우리 사람들의 팔, 다리는 어떻게 움직일까! 하는 생각 말이다.
여러 가지 공부한 내용으로 한번 꾸며 봤다.

사람이 움직이고 싶다면 근육이 움직여야 하는데 그럼 근육은 어떻게 움직일까?

근육은 650개, 200종류가 있고 그 중 인간의 움직임을 담당하는 골격근 434개는 206개의 뼈와 200개 관절에 붙거나 인접하여 좌우 대칭 총 75쌍을 이루면서 인간의 직립 자세 유지 및 운동 수행을 가능하게 한다.

이때 인간은 구심성 신경 및 원심성 신경으로부터 움직임을 감지하고, 신경 뉴런을 통해 신경 전달 물질인 아세틸콜린을 근방추에 전달하면 근육세포질세망을 통해 T 세관으로 들어가고 칼슘을 유리하여 근섬유에 있는 미오신과 액틴까지 전달이 되면 미오신이 액틴을 잡아당기면서 근육이 미끄러지듯 움직이는데, 이것이 근육이 움직이는 근활주

설이라고 한다.

이때 근육이 수축과 이완을 하면서 움직이게 되는 것이다. 그러면서 분극, 탈분극으로 열이 발생하고 많은 장력을 발휘하면서 특정 값(수치)에 이르면 인접 근섬유로 활동이 전위되고, 그 발생이 많은 근육 즉 가장 높은 수치를 나타내는 그 근육이 특정 동작의 주동근이 되는 것이다.
이 모든 일이 순식간에 일어난다는 것이다

너무 어렵다.
그래서 사람들은 재미없는 이야기다.

괜찮은! 훌륭한!

괜찮은?
훌륭한?
전국, 시·도에는 수 없이 많은 선생님이 계신다.

그럼에도 불구하고 30분에서 1시간을 이동하며 강의를 듣고, 배우기 위해 버스를 타고 온다. 혹은 그 강의를 듣고 오는 자녀를 위해 부모님들이 데리러 온다. 자녀의 미래를 위해 그 먼 길을 매일 불평 없이 운행한다. 그 사랑과 노력이 하늘에 닿아 나라를 대표하고
원하는 대학에 합격도 하고 말이다.a

'괜찮은'의 사전적 의미는 '별로 나쁘지 않고 보통 이상'이라고 설명을 하는데, 우리 부모님들은 '괜찮은'보다 '훌륭한' 선생님이 지도하는 곳에서 배우기를 원한다.
왜냐면 '훌륭한'의 사전적 의미는 '좋아서 나무랄 곳이 없다.'라고 설명하기 때문이다.

지금이 그렇다. 나는 '괜찮은'보다 '훌륭한' 선생님이 되고 싶다.
그리고 한번은 자랑하고 싶다.
앞으로도 쭉 훌륭한 선생님이 되기 위해서 열심히 노력한다고 말이다.

고통과 기억 그리고 지식

대학원 시절 그냥 궁금했다.
교수님의 박사학위 논문 설명을 듣고 있던 중
고통과 기억 그리고 지식의 상관관계 말이다.

인간의 뇌 중추는 가장 힘들고 고통스럽고 뭐! 이런 모든 것들의 기억을 싹 다 지워 버린다.
그 고통의 기억을 지워 버리면서 관련된 지식까지 함께 지워 버린다.

어느 책에서 엄마의 망각은 무죄라고 했다.
인류가 멸망하지 않는 이유는 엄마의 망각에서 온다는 것이다.

뭔 말이냐고?

아이를 낳는 엄마는 뼈가 떨어지고 살이 찢기는 고통 속에 분만을 한다. 그 힘들었던 고통을 태어난 아이의 웃음과 아이가 크면서 하는 행동에서 행복을 느끼고, 그와 동시에 고통스러웠던 순간을 잊고 또 다시 출산을 한다.

그렇게 행복하니 잊는 것이다.
사랑하는 아이들이 모든 것을 잊게 한다.

그럼 또 뭔 말인가!
운동선수들이 뼈를 도려내는 고통과 인내로 만든 금메달이라는 결과는 그 과정이 너무나 힘들고 고통스럽지만, 선수를 다시 훈련하게 한다.

하지만 다시, 반복적으로 중추는 그 힘든 고통을 모두 지워 버린다.
그나마 가지고 있는 지식, 그리고 상식까지도 함께 말이다.

그래야 힘든 고통의 기억은 사라지고 내일이면 또 다시 그 힘든 훈련을 할 수 있으니 말이다.

그럼 어떻게 기억을 다시 만들까?

내가 사랑하는 사람 그리고 웃는 아이를 보는 것처럼
내가 가장 즐겁고 행복한 일을 생각하며
많이 웃고, 행복을 느끼면
고통의 기억에서 자유로워 질 수 있고
지식도 함께 쌓아 갈 수 있다고 한다.

선수가 은퇴하는 시기

난 가끔 지도자라고 하면
끝없는 욕심을 가지고 항상 모자라고 부족하다는 생각을 하고 있어야
지치지 않고 노력할 수 있다는 생각을 한다.

야구선수 '이승엽'을 보라.

이승엽은 은퇴 이유로 홈런 하나에 자신이 기뻐하는 모습에서
이제 야구를 그만해야 할 때가 되었다고 생각을 했다고 한다.
그것이 은퇴해야겠다고 결정을 내린 이유라고 말한 기사를 보았다.

'홈런 하나에 만족하는 프로선수!'

만족을 모르고 끝없는 도전과 노력을 해야 하는 프로선수가 만족하고 말았다. 이승엽은 자신이 홈런 하나에 만족하고 있는 프로선수이기에 은퇴해야 한다는 것이다.

그는 적어도 내가 보기에
가장 훌륭한 선수라고 자신있게 말을 할 수 있다.

나는 묻고 싶다.

자기 자신에게 만족하면 안 되는 것인가?

삶에 만족하며 지금처럼 이렇게 행복하고 즐겁게 살아갈 수만 있다면 얼마나 좋을까!
그렇지만 누구에게도 정답은 없다.

우리는 보고, 느끼고, 선택하며,
그냥 현실 모든 것에서 만족하면 된다.

하지만 프로선수는 달라야 한다.

'은퇴를 하고 싶다면 만족하라' 이 말을 하고 싶다.

스포츠에서만큼은 그렇다.

프로선수들이여!
건강하게 만족을 모르고
오래오래 멋진 모습을 보여주기 바란다.

제자의 실력이 지도자의 실력이다

제자의 실력이 지도자의 실력이다. 라는 슬로건으로 홍보하며 강의하고 학부모님들의 질문에 답을 한다. 그렇게 보낸 시간이 10년이 훌쩍 넘었다.

내가 하는 대학 강의를 듣고 이제 나를 스승이라 불러 주며, 나랑 소주도 한 잔할 수 있는 제자가 몇 있다. 사실 시간 강사의 강의를 통해 스승과 제자의 인연을 맺는다는 것은 참 힘들다.

이런 나와 함께 나의 가족도 똑같이 힘들게 살았다.
세상 어느 누구 힘들지 않은 자 어디 있겠냐.
하지만 살면서 돈의 가치로 환산할 수 없는 것들도 있지 않은가!

지금 많은 일들이 내가 아닌 제자들에게 일어난다.
나로 인한 나비 효과라 할 수 있나 ㅎㅎㅎ

어떤 녀석은 열심히 노력하고 공부하여 올해부터 해외를 많이 나간다며 좋아하고, 또 어떤 녀석은 대학을 휴학하고 군 복무가 끝나면 해외로 나간다며 나를 찾아와 소주 한 잔을 하는데,
꼭 이 술값은 자기가 낸다고 한다.
그럼 소고기를 먹었어야 하는 것을 말이다. ㅎㅎㅎ

그러면서 나에게는 소소한 일들이지만, 이제 막 사회인이 된 녀석들은
하나 같이 연락을 해온다.
내가 강의 할 때 사실 이런 말들을 많이 했다.
한국을 떠나 보라고 말이다.

그 말을 듣고 가는 것은 아니지만 그래도 오늘 나 스스로 생각한다.
제자의 실력이 지도자의 실력이다.
그래 떠나라! 가봐라! 그래야 보인다.

그리고 생각한다.
그럼 답을 가져오겠지

부모가 살아온 이 세상보다 너희들이 살아갈
더 좋은 세상을 만들어 줄 무언가를 생각해서 말이다.

그럼 난 다음 세상에 더 좋은 무언가를 가져올
훌륭한 인재를 육성했다는 자부심!

앞으로 또 어떤 녀석들이 나타날까 기다려진다.

혼자 소주 한잔

1등만 기억하는 잔인한 세상!
"4등이 뭐, 나쁜 건가요?"

천재적 재능을 가지고 있지만, 대회만 나갔다 하면 4등!
더 올라갈 수 없는 수영 선수 준호
하지만 엄마는 1등에 대한 집착을 버리지 못하고
새로운 수영 코치 광수를 알게 되어 만난다.

심드렁한 표정으로 전국대회 1등은 물론, 대학교까지 골라 갈 수 있게 해주겠다며 호언장담하는 광수는 연습 기간 엄마에게 수영장 출입 금지 명령까지 내린다.

전국대회를 앞에 두고 연습은커녕 매일 PC방 마우스나 만지고, 소주잔을 손에 들고 있는 못 미더운 광수의 모습.

그래도 광수는 16년 전 아시아 신기록을 달성한 국가대표 출신이다.

엄마는 의심 반, 기대 반,
시간이 지나고 드디어 전국수영대회에 출전한 준호는 1등과 0.02초 차이로 첫 은메달을 목에 건다.

오랜만에 큰 웃음소리가 떠나지 않는 준호네 집.
그때, 신이 난 동생 기호는 해맑게 질문을 한다.……

"정말 맞고 하니까 잘 한 거야? 예전에는 안 맞아서 맨날 4등 했던 거야, 형?"
동생의 말에 시퍼렇게 질린 준호 얼굴처럼 멍투성이인 열두 살의 몸.
영화 4등 줄거리

지금까지 난 어떤 지도자였나!

이번 전국대회 메달을 하나도 따지 못했다.

학부모에게 물어봤다.
작년에는 메달을 많이 가져왔는데 이번에는 하나도 없다고
애들이 좀 맞아야 하나요. 라고 물어봤다.

학부모님들은 웃으며 말한다.
"네 때려도 됩니다"
그 웃음 뒤에는 자기 자식을 가르치는 지도자를 향한 믿음이 묻어난다.

그래서 애들에게도 물었다. 어떤 애들은 안 맞고도 잘 할 수 있다고 하는데, 어떤 애들은 자기 스스로 맞아야 한다고 한다.
하지만 나는 때리고 맞으며 운동하기보다 재미나게 운동을 가르치고, 배우는 학생들도 웃으며 운동하는 것이 당연하다고 생각한다.

그러나 이렇게 결과가 없을 때는 마음이 조급해진다. 좀 그렇다.

혼자 소주 한 잔하며 중얼중얼한다.
조금 더 공부해보자
내 생각이 맞는다면 학생들도 열심히 할 거다. 이러면서 또 ㅎㅎㅎ
뭐 이런 생각을 하면서 말이다.

때마침 지인에게 전화가 온다. 뭐하냐고 묻는다.
그래서 공부하고, 논문 본다니 하는 말이 이제 좀 작작 하란다.
박사가 뭐가 부족해서 또 그러고 있냐고, 난 웃으며 다음에 보자 했다.

그때 난 혼자 소주를 마시고 싶어서 거짓말을 했다.
사실 가끔 혼자 소주 한 잔하고 싶은 날이 있다

가장 좋은 대학교

오래 전 연말 회식 시간 한 교수님의 일화다.

그 교수님은 K대학교 교수님이신데 Y대학교 학부를 나오시고 외국에서 박사학위를 마치고 오셨다.

모처럼 대학원 회식 시간, Y대를 졸업한 그 교수님을 목표로 두고 대학원생 여러 명이 집요하게 질문을 한다.

회식이라 즐겁고 장난기도 조금 있는 분위기지만 학생들의 질문은 송곳 같다.

"교수님, K대학교와 Y대학교가 경쟁을 하면 누구 편을 들 것입니까?"
아빠, 엄마 누가 좋아요 같은 유치한 질문일 수도 있다.

그런데 교수님은
대학원생들의 장난스러운 질문에
아주 정확하고 명확한 답을 말씀 하신다.
답은 이러하다.

"내 통장에 돈을 꽂아 주는 대학교가 최고다.
학생 때는 내 돈을 쭉쭉 가져갔지만 이제 그렇지 않다"

정답이다. 흐흐흐
내 가족이 먹고, 자고, 행복 할 수 있도록
나의 통장에 돈을 넣어주는 대학교가 가장 좋다. 최고다.

나도 지금 그렇게 생각한다.
내가 잘못 생각하는 것인가?

세상 모든 존재의 이유가
행복과 더 큰 행복을 누리기 위한 것 아닌가!

GS-2

난 지금까지 계속 2등이다.
옛날에 읽은 이면우 저자의 '신사고이론 20'이라는 책에
GS-2 이론이라는 글이 있다.
어려운 말이 아니라. 고스톱 2등이라는 말이다.

열심히 애를 써서 2등을 해도 고스톱에서는 돈을 딸 수 없다.
아무짝에도 필요 없는 2등도 있다.

난 2등으로 불합격한 경험이 참 많다.
3등을, 2등을 해도
그냥 1등이 아니면 불합격인 경우가 너무 많다.

허세 기세

허세는 실속이 없어 겉으로만 드러나 보이는 것이 기세라 착각하고, 또 하나 실속이 없다는 말은 실제 알맹이가 되는 내용이 없다는 말이다.

기세는 기운차게 뻗치는 모양이나 상태가 남에게 영향을 끼칠 기운이나 태도를 말한다.

우리 허세, 기세 뭐라도 좋다.
겉으로 드러나 보이는 허세도, 기세도 좋다.

기세처럼 기운차게 뻗치고,
남에게 영향을 끼치는 기운이면 더 좋겠지만,

허세, 기세 그리고 인생, 삶 다 좋다.
그래
허세도, 기세도 좋으니
지금을 견디고, 또 견디고
나쁜 마음 먹지 말고

제발 멋진 어른이 되어 줘.

가끔 쿨 한척 진짜 강한척은 하지만 오늘 힘들다고

핸드폰 메모에
나도 모르는 사이

'오늘 힘들다' 이렇게 적혀있다.
2018년 1월 11일 무슨 일이 있었을까?

나도 모르는 사이
오늘 힘들다고

정말 많이 힘들었나 보다

그런데 위로가 된다.
지금은 그때보다 힘들지 않으니 말이다.

오늘 힘들다고
짠하다. 짠해!

울고, 또 울고 있다

요즘 강의를 통해 배움을 시작하는 학생들을 보면서
조금씩 보람을 찾아가는 것이 좋다.

그런데 말이다.
아깝게도 강의를 듣는 그 많은 학생 중에서
그만 자신에게 손을 들고 포기하는 학생을 볼 때
나의 부족함을 또 한 번 느끼게 된다.

내가 봐도 답은 없는 것 같은데,
난 답을 뭐라도 찾아 전해주고 다시 도전 할 수 있도록
나의 역량을 모아 희망, 용기, 최선을 다하려 한다.

하지만 쉬운 일이 아니다.

나의 능력으로 어디까지 가르쳐야 하는 것일까 하는 질문을
스스로에게 한다.
그런 난 또 답한다.

배워야지 배워야 한다.

뭐 이렇게 답을 하고 소주를 한 잔 한다.

학생들은 평소 자기 실력 발휘하지 못 해 울고 또 울고 있다.
그런데 누구 하나 잘했다고 해주지 않는다.
부모도, 스승도,

그리고 가짜 스승도.......

난 또 생각한다.

울고, 또 울고 있는 제자를 보면서

끈질기게 참아라

우리 아이들은 과연 그릿(GRIT)이 있을까!

삶에 있어 대부분 부모들은 자녀들이 힘들다 이제 그만하고 싶다고 말하면

"그래 힘들면 그만해" 라고 말을 한다.

그리고는 정말 아이들은 재미나게 신나게 뛰어놀고 웃으며 놀고 또 놀다가 학년이 올라가면서 또 놀다가 결국 계속 놀게 되는 아이들을 너무도 많이 봤다.

이런 일들이 반복적으로 일어나면서 우연히 앤젤라 더크워스의 그릿(GRIT)을 읽게 되었다.

그릿은 투지, 끈기, 불굴의 의지와 일맥상통하는 말로 열정과 집념이 있는 끈기를 말한다.

성공한 사람들은 정말 끈질기다는 특성을 갖고 있다.
운동을 히면서 하는 말이다.

인간의 몸은 그렇게 쉽게 변화되지 않는다.
나의 책상 메모지에 붙어 있는 몇가지 좋은 글이다.

지도자가 제자를 가르침에 있어
"이 세상 여기까지라는 말은 없다. 항상 지금부터 ……."
"지도자의 만족은 나약한 제자를 만들 뿐"이라고 생각한다.

오늘도 나는 중얼중얼

여기까지 라고 절대 만족하지 않겠다.
끈질기고 끈질기게 노력해주마

너희들도 참아야 한다. 끈질기게 참아라.

무엇이라도 되어

멀리 이동할 때면 트로트를 많이 듣는다.
똑같은 부동의 자세로 몇 시간씩 운전해야 하는데
아는 노래가 나오면 나도 모르게 목과 어깨를 움직이며
언제 피곤했냐! 는 듯 트로트를 따라 부른다

노래를 따라 부르면 졸음이 예방된다.
그래서 난 트로트를 듣고 차에서 따라 부르기를 정말 좋아한다.
그런데 2019년 한 방송사에서 '내일은 미스트롯'이라는 프로그램을 하고 있었다. 내용은 예심을 통과한 100명의 트로트에 재능을 보이는 사람들이 학생, 직장인, 현역 가수 등 다양한 대상이 기량을 선보이며 경쟁하는 것이다.

하지만 모두 합격을 할 수 없는 것이 이런 오디션 프로의 안타까움인데, 내가 보는 장면에서 불합격한 예비 트로트 가수에게 현직 트로트 가수 장윤정 씨는 이런 말을 했다.

"포기하지 말고 끝까지 하세요. 그럼 무엇이라도 되어있다."

이 말이 참 나에게 와닿는다.

도전하고! 도전하고! 도전하라!
이 말처럼 도전하라.
불합격에 쉽게 포기하지 말고 끝까지

그럼 뭐라도 되어 있다.

글을 쓰고 강의를 하고
무엇이라도 해보려고 열심히 노력해야 한다.

그럼 무엇이든 되어 있을 것이다.

행동으로 옮겨라

대학원 통계학 수업에서
로또를 맞을 확률이 사람이 살면서 번개를 2번 맞을 확률과 똑같다고
통계학 교수님께서 정확하게 말씀하셨다. 아니라면 어쩔 수 없지만
난 그렇게 강의를 들었다.

웬만해선 로또 당첨은 될 수 없다는 이야기다.
하지만 당첨자는 나온다.
신기하게 당첨자는 내가 아니라는 것이 가장 중요하다.

무엇이 되고 싶고 합격을 하고 싶다면 생각만 하지 말고
그 생각을 행동으로 옮기는 강한 의지를 가지기를 바란다.

로또에 당첨이 되고 싶다면
우선 로또를 구입하라.

생각을 행동으로 옮기는 의지를 발휘하는 것
시작은 그것부터 하면 된다.

그래야 힙격 아니면 불합격.

언어폭력

초등학교 교실이다.

아침부터 남자아이 엄마가 아들을 앞세우고
학교로 와서 초등학교 여학생 두 명을 찾기 시작한다.

한 학생을 먼저 찾아가
너희들이 팔을 잡아 멍이 들었다고 말하면서
이런 행동은 '학교폭력'이라고 말한다.

그리고 또 다른 여학생을 찾기 시작한다.

기다리다 찾는 여학생이 왔다.
처음 만난 여학생은 울고 있다.

그리고 지금 만난 여학생에게도 남학생의 엄마는 똑같이
'학교폭력' 이라며 말을 이어 갔다.

하지만 그 말을 듣고 있는 두 번째 초등 여학생은 다르다.
그 학부모에게 또박또박 말한다.

"친구가 파트 과제를 열심히 하지 않아 최선을 다하라고 우리 둘이서 손을 잡아끌다 생긴 멍이라고.
그리고 그 친구도 항상 우리를 놀리고 괴롭혔다.
그 또한 폭력이다." 라고

하지만 엄마는
그것은 폭력이 아니라고 말했다.

그 말을 듣고 그 여학생은
교내 폭력 교육에서 언어를 통해 친구를 괴롭히는 것 또한
언어폭력으로 간주한다고 배웠다고 말한다.

요즘 애들 이기고 싶다면
어른도 공부하고 교육받고 많이 배워야 할 것이다.

딱 요만큼

삶에 있어 성공과 실패 차이는 요만큼이다.
손가락으로 만들 수 있는 모양, 요만큼 말이다.

요만큼은 나 자신만 알 수 있다.

누군가의 요만큼은
5천 번의 실패일 수도 있고,
1만 번의 도전일 수도 있다.

누군가의 요만큼은
5번의 실패에 좌절하고
10번의 도전으로 포기해 버린다.

"요만큼"
정말 작고도 큰 말이다.

나도 요만큼이 부족했었다.

무식 > 상식과 지식

무식
상식
지식
이 세 단어의 의미는 무엇인가?

배우지 않은 데다 보고 듣지 못하여 아는 것이 없는 것을 무식이라 하고, 사람들이 보통 알고 있거나 알아야 하는 지식을 상식이라 하고, 어떤 것에 대하여 배우거나 실천을 통하여 알게 된 사실을 명확하게 인식하고 이해하는 것을 지식이라고 사전에서 말한다.

한 동네에 상식이와 지식이와 대화의 문을 닫고 살아가는 무식이가 있었다.

무식이는 오직 무식하게 원초적 본능으로 물욕에 어두웠고 자기 생각과 주장으로 상식이와 지식이를 밀어붙이며 자기 자신의 이익만을 쟁취하려 했다.

그 순간 무식이는 상식이와 지식이를 이겼다고 생각을 하며 유유히 집으로 돌아간다

무식이는 행복하다고 생각할 것이다.

상식이와 지식이가 무식이를 포기 한 줄도 모르고.
무식이는 자기 자신이 무식한 줄도 모르고

자신의 상식과 지식으로 상식이와 지식이를 이겼다고 생각하며 살아간다.

어떤 상황에서 무식이 상식이와 지식이를 이게 된다면
이 세상은 어떻게 변해 갈까!

난 경험을 했다.

상식이와 지식이가 더 노력해야 한다.
무식이 혼자
상식이 처럼
지식이 처럼 될 수가 없다.

돼지감자

국화 소국처럼 예쁜 꽃이 있다.
돼지감자꽃이다.
하지만 그 열매 돼지감자는
참 밉다.
꽃을 보고
열매를 상상하지 말고
열매를 보고
꽃을 상상하지 말라

세상에 모든 선입견
돼지감자의
꽃을 보듯
열매를 보듯
하나만 보지 말고

선입견으로
세상을
사람을
판단하지 말라

충치 한 개

죽는 줄 알았다.
밤새 찌릿찌릿, 욱신욱신
뭐 아무 생각 없이 죽여 버리고 싶었다.
뭘 죽여야 하는 지도 모르는데 그냥 막 죽여 버리고 싶다고 생각했다.

화가 나고, 짜증이 나고, 뭐 표현을 못 하겠다.
기다리고, 기다리고, 기나긴 밤은 지나고 새벽이 오고 아침이 왔다.

그리고 그 충치 한 개를 뽑고 난 뒤.
모든 것이 사라졌다.
밤새 고민하고, 고통스럽고, 죽이고 싶다는
모든 생각과 고통에서 벗어났다.
이때쯤 인간의 삶을 돌아보게 된다.
긴 밤 고통스럽게 견디고 아침이 오고 힘들게 견디고 이겨낸 그 고통의 시간은 사라지고 그 짧은 시간에 충치 하나 뽑고나니 이렇게 달라지네.

그 순간 모든 것을 잊어버리고
또 다른 고통을 찾아 세상에 뛰어드는 사람들을 떠올린다.

충치 두 개

삶의 큰 고통은
삶에 큰 기쁨과 행복을 주기도 한다. 충치처럼 말이다.

긴 밤 혼자서 나만 힘들다고
나만 세상에서 버림받았다고
나만 항상 불합격이라고 오만 생각을 하게 한다.
이놈의 충치는
다행히도 고통의 크기는 같다.
한 개의 충치도, 두 개의 충치도
한번에 아파도 아픈 것은 같으니 말이다.
슬프다.
충치를 뽑기 전날의 밤!
아침이 오기를 기다리는 밤이 너무 길다.

그리고 충치를 뽑으면
그렇게 아침이 오기를 기다렸던 간절한 마음은 없고
우린 또 다른 고통의 삶 속으로 뛰어 들어가
어제의 고통과 간절한 마음을 참아가며 기다렸던
오늘 아침을 기다리는 일들을 한다
내일...

충치 세 개

충치가 한 개 아파도, 두 개 아파도
아니 세 개가 한 번에 아파도

가장 아픈
충치만
자꾸만 생각하지

세상-인생-삶도 다 그래
그 순간은
그중에 가장 큰 고통만 기억에 남지

웃기는 일이지
그래서 세상 꼭 살아 볼 만하다.

아는 사람만 아는 이야기 1

미국 플로리다 주

저를 어떻게 느껴요?
내가 널 왜 느끼니!

대화가 참 이상해
앞뒤 다 자르면 그렇다.

뭘까 한번은 상상해 봐!
아는 사람만 아는 이야기

저를 어떻게 느껴요! 는

저에 대한 느낌이 어떤데요?
라고 물은 거였다.

아는 사람만 아는 이야기 2

미국 플로리다주

저에 대한 느낌이 어떤데요? 라고 물어본다.
하지만 내가 널 왜 느끼니! 라고
장난치며 몰아붙여 본다.

그 친구는 말을 그렇게 하면 어떻게 하냐며
웃으며 따져 묻는다.

이 이야기를 듣고 있는 주변 사람들 모두 웃는다.

저를 어떻게 느껴요!
변태냐!
내가 너를 왜 느껴!

그러면서 또 하루가 갔다. 미국!

아는 사람만 아는 이야기

40대 꿈은 진짜 크게 가져도 된다

꿈은 크게
맞다.

4형제가 잠을 자다
장롱 문짝에 끼여도 보고
연탄가스도 마셔도 보고
90년대 시카고 불스 마이클 조던을 보며
NBA 농구를 알았고
40대 매일 생각한다.

헬스장 모니터 화면을 보며
난 NBA 경기를 직접 가서 볼 수 있을까!
한 번쯤 생각은 했는데,

어느 날 갑자기 남편이 아내 보고
내 돈으로 미국 가서 NBA 경기 보러 간다고 하면……

생각만 해도 무섭다. 그냥 웃음만 나온다.

그런데 진짜 내가 갔다 왔다.

47살에 말이다.

왜! 어떻게는 중요하지 않다.
그냥 꿈은,
꿈은 진짜 크게 가져도 된다.

가끔 40여 년 인생 살다 보면.
일어나지 않을 것만 같은 일도 일어나는 법이다.

그냥 언젠가 올 행운의 순번을 기다리면 된다.

절대 피지 못하는 꽃

매화는 언제 피고,
국화는 언제 피고
매년 매월 피는 꽃에 비유하며

젊은이여 아직 너는 피울 때가 되지 않았다고 하면서 위로라고
책에서 봤다는 둥 뭐 이러면서 강의를 한 적이 있다.

사실 이런 내용은 여러 책에서 많이 봤다.
매년 같은 계절 1년에 한 번씩
꼭 피는 꽃이야말로 얼마나 행복한가!

몇 년 수십 년째 피우지 못하는 꽃!

불합격!

불합격은 피울 수 없는 꽃이 아니라
합격 앞에서는 절대 피지 못하는 꽃이다!
그 꽃 이름이 불합격이다.

그래서 난 꽃 나무가 아니고 선인장인가보다.

푸야 라이몬디 라는 선인장은
100년에 한번 꽃을 피우고 죽는다고 한다.

그럼 피기도 전에 죽을 수도 있다.

.
꽃을 피우기 위해
꽃을 피우려 억지로 살아가지 말고

가끔 뒤로 돌아보고
내가 걸어온 길이 얼마나 멋진 길인지
한번은 생각을 해봐야 한다.

그래야 지금 살아있는 지금 이 순간이
먼 훗날 내 미래를 위한 멋진 걸음이 된다.

이것뿐이라 다행이다

주택 담보 대출
자동차 할부금
학자금 대출

다행이다. 이것뿐이라!

20대는 학자금 대출 이자를 내고
30대는 자동차 할부금 이자를 내고
40대는 주택 담보 대출 이자를 내고
50대는 아직 멀었다.

다행이다. 아직 내 나이가 어려서
내 나이가 이것뿐이라
50대 더 낼 이자가 없네.

이제 이자는 그만 내고 원금을 내야지
50대는 원금을 내고
60대도 원금을 내야지

다행이다. 이것뿐이라.

끝

혀끝이 날카롭고 강해지고 싶다면,
펜 끝을 더 날카롭고 정교하게 다듬어야 하는 것처럼
말을 잘하고 싶다면,
공부를 열심히 하고 책을 많이 읽고,
상식과 지식을 넓히는 것이 정답이다.

하지만 우리가 세상을 살다 보면 주먹 끝을 잘 사용해야 할 일이 더 많아지고, 주먹 끝을 사용해야만 해결 되는 일들이 종종 일어난다.

주먹 끝, 펜 끝, 혀 끝, 그리고 가장 무서운 세상 끝도 있다.
이 끝을 잘 사용하고 싶다면 살기 좋은 세상이 필요하다.
누구에게도 올 수 있다.

이 끝, 세상의 끝을 보지 않고 좋은 끝을 원한다면 민주주의 사회에서 대통령선거, 국회의원 선거, 선거 때 투표를 잘하면 나쁜 끝은 피하고 좋은 끝을 볼 수 있다.

꾹꾹 눌러 끝을 잘 챙기자.

가장 좋은 스포츠

스포츠마케팅 전문 기관에서 우리나라 스포츠 종목 중 가장 좋은 것은 무엇일까? 라는 짧은 내용의 기사를 본 기억이 난다.

축구, 야구, 농구, 배구 단체 경기 및 기타 종목에서 한국 선수들이 어린 시절부터 훈련하여 최고의 선수가 된다는 설정으로 가장 높은 성공 가능성이 있는 스포츠는 어떤 종목일까라는 이야기이다.

다시 말하면 동일하게 어린시절부터 투자를 하고, 같은 나이에 운동을 했을 때 가장 많은 인기와 연봉을 받을 가능성이 높은 스포츠 종목을 조사한 것이다.

스포츠 마케팅 업체의 종합 분석 결과는 야구로 나왔다.
가장 큰 이유는
다른 타스포츠와 비교 했을 때,
야구 프로팀의 숫자가 많고,
연봉도 다른 스포츠 프로선수보다 높으면서
중, 고, 대학생의 야구 선수가 적다는 것이 결론이다.

한 매체의 스포츠기사에 따르면 ...

미국 야구 메이저리그

뉴욕 양키스팀과 계약한 야구선수 게릿 콜(28세)은

2019년 연봉 1,350만 달러(160억)였다.

이 선수는 2020 시즌부터

연봉 3,600만 달러(428억 6000만원)를 받는다.

이 연봉의 액수를 풀어보면

하루 수입이 98,630달러(1억 1700만원)이고,

1시간에 4,109달러(489만원)을 벌어들이고 있는 것이며,

다시 1분에 68달러(8만원),

1초에 1,14달러(1,300원)를 벌고 있는 것이다.

스포츠 선수로 상상하기 힘든 액수의 계약이라고 생각을 한다.

지금 이 글을 적고 있는 이 순간

게릿 콜 선수는 초당 1,300원의 돈을 벌고 있다는 것이다.

스포츠 기사를 보면서
꿈만 같은 돈이 오가는 계약 내용은
우리 일반인들에게, 나에게 어떤 느낌으로 다가 올까!

그냥 막연하게 돈을 많이 받는다.
돈 많이 벌어 좋겠다. 등등
많은 생각을 하게 하지만

그래도 한 가지는 기억해야 할 것이다.

프로스포츠 선수들은
죽을 힘을 다해 그 자리에 올라와 있다.
몸이 부서지고 발이 부서지고,
손목이 부러지고, 이마가 찢어지면서
오직 승리를 위해 사력을 다한다.

수없이 많은 선수 중 어느 선수도
할 수 없는 것을 하고 있다는 것이다.
그렇게 자녀를 키워낸 부모들도 존경을 받아 마땅하다.

가장 좋은 스포츠는
내가 가장 즐겁고 행복하게 할 수 있는 종목이고,

가장 힘들면서
돈을 많이 벌수 있는 스포츠는
내 살이 찢기고, 내 뼈가 부서지며 하는 스포츠다.

그냥 좋은 뜻

몇 년 전, 연예인 김제동씨가 특강을 했다는 기사를 봤다.

기사 내용을 살펴보면 김씨는 "아프니까 청춘이라는 말에 공감할 수 없다"며 "아프면 중년이다. 엄마는 계속 아픈데 엄마는 중년이다. 청춘은 아픈 게 아니다"라고 말하며 특강을 시작했다. 라는 기사다.

기사를 모두 믿지는 않지만 정말 김제동씨가 이런 말을 했다는 것에 나는 평소 좋아하는 연예인이라 그런지 좀 섭섭하고 기분은 좋지 않았다. 시대에 따라 이해하는 방식이 다르지만 난 '아프니까 청춘이다'라는 책을 참 배울 점이 많은 책이라 생각하고 있다.

난 그렇다. 그냥 김제동씨가 장난친 것이 아니라 관중들에게 청춘이 얼마나 힘들고 힘든지를 청중에게 알려주며 다가가기 위해 그냥 좋은 뜻에서 한 말일 것이라 생각을 하고 넘겼다. 하지만 나랑은 잘 맞지 않나보다.

그리고 또 다른 영상을 보게 되었다. 관심이 없는 것이 아니라 나도 김제동이라는 연애인을 좋아하고 관심이 있었기 때문에 그 영상을 보게 된 것이라 생각한다. 하지만 나랑은 맞지 않는 말들을 하고 있는 것 같아 마음이 편치가 않았다. 김제동씨가 "남자는 개" 라는 말을 하면서 강의를 하고 있는 것이다. 나만 이런 생각을 하고 있는지 모르겠다.

세상 살아가는데
말 한마디에 죽자고 따지며 덤비면
너도 나도 힘들다.

그럼 피곤하고 열 받고, 술 마시고, 간 나빠지고,
병 걸리고, 결국 본인만 죽어난다.

봐 줄 수 있고,
이해 할 수 있다면,

나도 그 사람도
그냥 좋은 뜻으로 모두 이야기했겠지 하고
그냥 넘겨주세요.

올레

내가 찍은 사진 제목이다.
가끔 꿈꾼다.

혼자 집에서 맥주에 치킨, 족발 안주에다
큰 TV로 야구, 축구, 농구 스포츠를 하루 종일 밤이 새도록 볼 수 있는 유일한 방법은? 올레!

공부에 지친 자녀와 아이를 돌보느라 피곤한 아내에게
휴식을 준다는 명분으로 여행을 보내 준다면……
난 올레! 하며 상상한다.

청시의지 해주세요

맑고, 좋은 생각, 순수한 목표와 꿈이 있다면
강한 뜻과 의지를 가지고 행동으로 옮겨주세요.

맑고, 좋은 생각의 목표와 꿈을 가지고 있는 사람은 꼭 그것을 이루기 위해 행동으로 옮겨주세요. 라는 뜻을 가지고 있는 청시의지는 맑을 청(淸 : 빛이 선명하다), 보일 시(示 : 가르치다, 알리다), 뜻 의(意), 뜻 지(志)로 구성된 한자로 저자가 직접 만든 사자성어 입니다.

여기서
의지(意志)는 어떤 일을 이루고자 하는 마음을 꿋꿋하게 실천하여 성공할 수 있는 강인한 힘을 말합니다.

존 네핑거 매튜코헛이 지은 [어떤 사람이 최고의 자리에 오르는가]에 의하면 강인함은 두 가지 기본 요소로 구성되어 있는데, 첫째는 세상에 영향을 미칠 수 있는 능력이며, 둘째는 생각을 행동으로 옮기는 의지입니다. 성공을 위해 능력은 일을 성사시키기 위해서 꼭 필요한 도구이며, 여기서 의지는 그 능력의 일을 실행하기 위한 힘입니다. 의지는 장애물이나 저항에 부딪힐 때조차 앞으로 나아가겠다는 자신과의 약속이며, 자신의 강한 결심 즉 강한 마음을 표현합니다.

강인한 사람이 되기 위한 도구, 성공하기 위한 도구가 능력이라고 했는데, 능력이란 세상에 영향을 미칠 수 있는 나의 모든 특성, 역량을 말합니다. 강인한 체력, 탁월하고 능숙한 전문 기술, 누구와도 함께 교감 할 수 있는 사교 기술, 사력을 다해 어렵게 익히고 얻은 지혜와 지식 같은 것입니다.

사회학을 연구하는 과학자들은 이 모든 것을 성공을 위해 함께 묶어 '특별한 역량'이라 부른다고 합니다. 그런데 이 의지력은 선천적으로 타고 나는 능력이 아니라 대부분 어린 시절 다양한 경험과, 스포츠 종목의 특별하면서도 과학적인 훈련을 통해 발달이 된다고 합니다.

청시의지 할 수 있게 해주세요.

불합격(에필로그)

공군사관학교

서류 전형에서 해군사관학교와는 다르게 석사학위 받은 기간은 필요없고 박사학위 받은 기간이 너무 짧아 불합격.

그 다음

해군사관학교

1차 서류 통과, 교육계획 발표, 면접 그리고 최종 불합격.

그 다음

육군사관학교

최근 3년간 자연과학 논문 300% 이상 서류접수 가능

하지만

난 논문 280% 충족, 20% 부족 지원 불가, 불합격.

그리고 지금까지 모든 지원에서

불합격이 많은 이유는

누구도, 어떤 이유도, 원인도 오직 나!

나는 준비가 완벽하지 않아서다.

오늘은 불합격입니다

개정판
펴낸날   2021년 4월 20일
지은이   손유남
표지 디자인   김다솜

펴낸곳   경옥초이
이메일   kochoibooks@gmail.com
출판등록   2020. 7. 7. 제251-0020-000182호

ISBN 979-11-9723365-2-2
Copyright©손유남2021, All right reserved.

이 책은 저작권법에따라 보호받는 저작물이므로 무단전재와 무단복제를 금지하며, 이 책 내용의 전부 또는 일부를 이용하려면 반드시 저작권자와 출판사경옥초이의 서면동의를 받아야 합니다.

잘못된 책은 구입하신 곳에서 바꿔드립니다.

표지에는 카페 24(주)가 제공한 "카페24 당당해" 폰트가 적용되어 있습니다.